Nur ein paar Stündchen

Nix wie raus, ganz schnell ins Grüne. Auch mit wenig Zeit lässt sich Großartiges erleben. Kleine und große Abenteuer warten direkt vor der Haustür.

4H

Raus für einen Tag

Man muss nicht das Land verlassen, um neue Welten zu entdecken. Einfach mal einen Tag lang raus aus dem Alltagsallerlei und rein in die Natur.

12H

Ferien für ein Wochenende

Warum auf die große Auszeit warten, wenn man einen Wochenendtrip ins nahe Umland machen kann? Vergnügen, Abenteuer und Wohlgefühl kompakt und intensiv.

36H

LIEBE LESERIN, LIEBER LESER,

Rügen will entdeckt werden! Wer glaubt, er könne hier den ganzen Tag faul am Strand liegen oder, sofern er außerhalb des Sommers kommt, im Wellnessbereich des Hotels abhängen, der verpasst die schönsten Seiten der Insel. Denn Rügen hat mehr zu bieten – und zwar zu jeder Jahreszeit, bei jedem Wetter, auf jede erdenkliche Art und Weise. Deutschlands größte Insel ist nämlich auch die vielseitigste: Neben der berühmten Kreideküste und den langen, herrlichen Stränden locken zum Beispiel verwunschene Wälder, historische Schlossparks, windumtoste Küsten oder die niedlichsten Berge der Welt den Urlauber ins Freie.

Wer sich aufmacht, wird immer belohnt! Mit Ausblicken. Mit Einsichten. Mit jeder Menge Spaß.

Viele wunderbare Eskapaden auf Rügen wünschen

Cornelia Jeske

Monika Geßner

AUSZEIT.
ABENTEUER.
LEBENSFREUDE.

1. KAPITEL
ABSTECHER

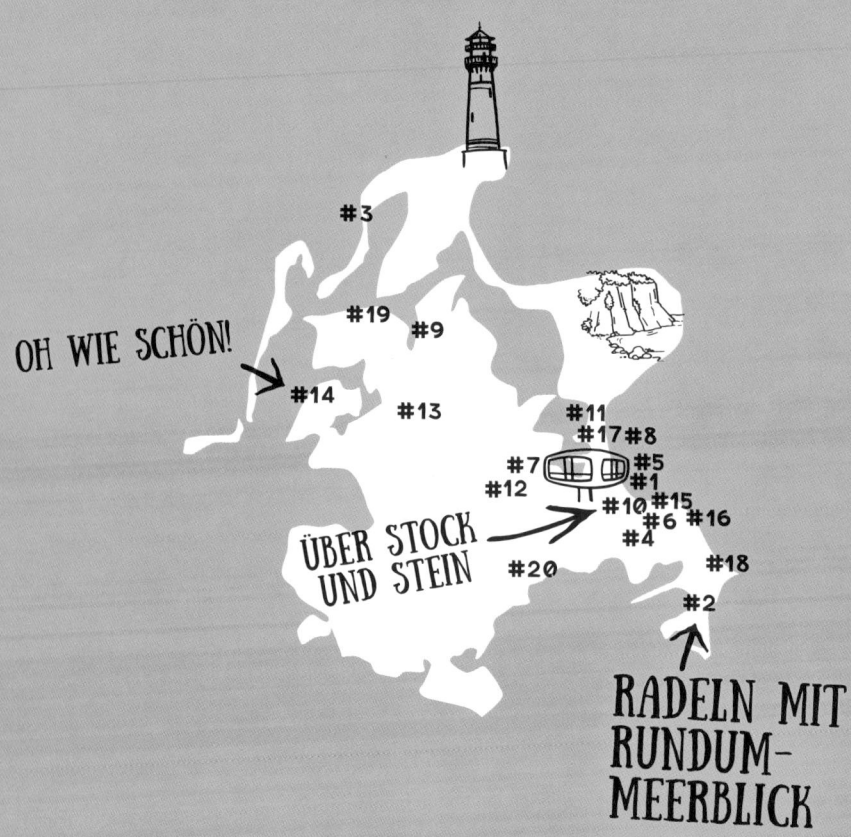

OH WIE SCHÖN!

#3

#19 #9

#14

#13

#11
#17 #8
#5
#7 #1
#12
#10 #15
#6 #16
#4
#18
#20
#2

ÜBER STOCK
UND STEIN

RADELN MIT
RUNDUM-
MEERBLICK

Nur ein paar Stündchen

Durch Baumkronen wandeln, aufrecht über das Meer gleiten, Sonnenuntergänge bestaunen – auf kurzen Abstechern eröffnen sich völlig neue Perspektiven auf Rügen.

4H

VILLEN ZUM FRÜHSTÜCK

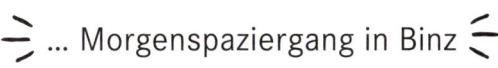 ... Morgenspaziergang in Binz

 **#1**

Die weißen Villen von Binz sind wahrlich kein Geheimtipp. Doch wer ganz früh aufsteht, erlebt sie auf besondere Weise: fern des großen Touristentrubels und von der Morgensonne ins perfekte Licht getaucht. Also Kaffee und Kamera geschnappt – und los!

#mitKaffee&Kamera #MoinMoinSonne&Meer #Blickzurück #VillenmitStil

Ob versteckt in der zweiten Reihe oder von Löwen bewacht direkt an der Promenade – schön sind sie alle, die Villen von Binz.

Der Morgen in Binz, er gehört den weißen Villen. Denn kaum dass der Tag beginnt, strahlen sie schon. Wahre Schönheiten halt, sie brauchen keine Kosmetik. Nur ein bisschen Morgensonne, die sie in ein sanftes Licht taucht und durch verspielte Verzierungen spannende Schatten wirft.

Also früh aufgestanden und an die Strandpromenade. Wer es vor Sonnenaufgang schafft, setzt sich einfach an den Strand und sieht zu, wie der Feuerball über dem Meer auftaucht. Dann hoch zur Promenade, die um diese Zeit nahezu menschenleer daliegt – und somit das perfekte Pflaster bietet für eine Tour in die Vergangenheit: zurück zu den Anfängen des Seebades, das vor ein paar Jahren seinen 125. Geburtstag beging. Was man dazu braucht?

Etwas Fantasie vielleicht. Und ein paar Fakten. Letztere liefert zum Beispiel der kleine Flyer, den man sich am besten zuvor im Haus des Gastes besorgt, und der einzelne Villen samt Kurzvita listet. Oder man scannt den QR-Code, der bei manchen Villen im Schaukasten oder am Geländer hängt, einfach mit dem Handy ein. Und so erfährt der Spaziergänger von Erbauern, Erben und neuen Nutzern, wird sein Blick gelenkt auf Erker, Türmchen und Schnitzereien. Auch Anekdoten gibt es natürlich. Zum Beispiel wurden bei der Renovierung im Haus Klünder zwei bis dahin unbekannte Kellerräume entdeckt; in einem von ihnen lagert heute der angeblich größte Bernstein Deutschlands. Es geht die Strandpromenade hinunter – und zurück in der Zeit. Tatsächlich bekommt man zu dieser Stunde eine Ahnung

Früh aufstehen lohnt sich, denn in Binz geht die Sonne direkt über dem Meer auf.

von jenen Tagen, als eine ausgewählte Klientel in feinen Kleidern über die Promenade flanierte, bevor sie über Badekarren ins Meer stieg. Nur ab und an holen Brötchentüten schwenkende Frühaufsteher den Zeitreisenden zurück ins Heute. An der Villa Salve, vor der zwei große weiße Löwen wachen, heißt es dann links abbiegen und dann in der zweiten Reihe weiter. Keine Villa gleicht der anderen.

Aber ja: Zur Bäderarchitektur gehört ein oft unkonventioneller Stilmix. Die Villenbauer nahmen sich die Freiheit heraus, ihren ganz eigenen Traum vom Haus am Meer umzusetzen: oft elegant und filigran in Weiß, zuweilen verspielt und urig in Berghüttenoptik – aber manchmal wurde auch ohne viel Fantasie die Stadtvilla einfach an den Strand verpflanzt.

Am Ende geht es die Hauptstraße hinunter, zurück zum Meer. Vorher beim Bäcker, der um diese frühe Stunde schon geöffnet hat, ein Frühstück für den Strand besorgen – und es dann am Wasser so halten wie die Villen im Rücken: Die Morgensonne ins Antlitz scheinen lassen!

FAZIT: DER FRÜHE VOGEL … HAT MEHR VON BINZ! SCHÖNE TOUR DURCH DEN GRÖSSTEN KURORT DER INSEL IM MORGENGRAUEN. KLEINES RISIKO: AM ENDE MÖCHTE MAN GERN SELBST EINE VILLA BESITZEN.

Hin & Weg: In Binz einfach am Anfang der Strandpromenade mit dem Spaziergang beginnen.

Beste Zeit: Ganzjährig, zum Sonnenaufgang.

Dauer & Strecke: Je nach Verweildauer pro Villa insgesamt 1 – 2 Std. Ca. 4 km zu Fuß.

Ausrüstung: Handy für die QR-Codes, oder Villen-Flyer aus dem Haus des Gastes (Heinrich-Heine-Straße 7).

MEHR MEER

... auf dem Reddevitzer Höft

Klar ist es schön, wenn der Radweg an der Küste entlangführt. Doch ist es nicht noch schöner, wenn das Wasser zu beiden Seiten des Weges auftaucht? Vom Meer kann man schließlich nicht genug haben. Willkommen auf dem Reddevitzer Höft, der schmalen Landzunge auf dem Mönchgut.

Sonnenblumen, die aufs Meer gucken, Findlinge, die cool grüßen, und ein Naturstrand, an dem Baumkadaver sonnenbaden – so sieht's aus am Reddevitzer Höft.

Heißt es nicht, Sonnenblumen richten ihre Köpfe nach der Sonne? Auf der Südseite des Reddevitzer Höfts schauen sie aufs Meer: der Sonne zugewandt und den Radlern den Rücken kehrend, wie erstarrt in der Bewunderung des tiefblauen Wassers. Aber warum sollte es den Sonnenblumen auch anders gehen als den Menschen? Hier, auf der Landzunge zwischen Having und Hagensche Wiek, müssen einfach alle aufs Meer gucken.

Zunächst taucht es nur linkerhand auf, glitzert blau hinter Obstbäumen, Getreidefeldern und Reetdächern, während das Fahrrad den vier Kilometer langen Plattenweg zur Spitze der Landzunge nimmt. Dann eine Steigung. Doch bevor man sich entschieden hat, das Rad zu schieben oder sich schnell hochzuquälen, ist man schon oben – und staunt: Das Meer, es ist plötzlich überall.

Man könnte sich um die eigene Achse drehen, mit geschlossenen Augen, und egal, wo man die Lider wieder öffnet, das Meer wäre im Blick. Eine Bank lädt ein, das Panorama zu genießen. Einfach mal hinsetzen, innehalten, die Seele baumeln lassen.

Weiter geht es, vorbei an einem kleinen Wäldchen. Auch hier schimmert das Meer durch die Bäume. Kurz vor dem Ziel liegt rechterhand eine Ferienanlage mit Ausflugslokal, hören die Platten auf und wird der Weg zum Feldweg. Bis zur Spitze ist es nicht mehr weit. Hier lohnt es sich, die Fahrräder mal abzustellen und eine kleine Treppe zum wilden Strand hinunterzugehen. Ein Schild warnt vor Abbrüchen der Steilküste, wie an so vielen wilden Stränden Rügens. Wer sich traut, läuft rechts den Strand entlang, vorbei an entwurzelten Bäumen, die in bizarren Verrenkungen im Sand liegen, und

Kurz vor dem Ziel wird auch der Weg selbst idyllisch, sind die Platten Geschichte.

an Findlingen in Gruppen. Über herabgestürzte Baumkadaver gelangt man an einen Kiesstrand, der auf eine kleine Lagune hinzielt. Was für ein Paradies! Das Wasser ist klar und flach. Warum nicht die Schuhe ausziehen, hineinwaten? Sanft umspielt das Wasser die Beine, man könnte ewig laufen. Tief durchatmen. Den Trubel der großen Seebäder vergessen. Den Blick über die Having schweifen lassen. Und dann fällt einem vielleicht ein, wie das tatsächlich war mit den Sonnenblumen. Nur die jungen drehen nämlich ihren Kopf nach der Sonne, nach der Wachstumsphase schauen sie einfach nach Osten, in diesem Fall: aufs Meer. Wäre man eine Sonnenblume auf dem Reddevitzer Höft, man würde wohl sehr schnell groß werden wollen.

Hin & Weg: Von Lobbe führt ein Radweg nach Alt-Reddevitz, von dort Richtung Reddevitzer Höft weiterfahren (den Schildern zum Having-Hof folgen, dort aber geradeaus weiter).

Beste Zeit: Ganzjährig, aber besonders schön im Sommer, da nicht so überfüllt wie andere Spots.

Dauer & Strecke: 2–3 Std. Hin und zurück etwa 20 km mit dem Rad.

Ausrüstung: Fahrrad, im Sommer Badesachen.

WIND UND WELLEN

 ... auf der Halbinsel Wittow ⦚

Aus welcher Richtung kommt der Wind?
Da gibt's nur eine Antwort: von vorn.
Zumindest auf der Halbinsel Wittow, die
man nicht ohne Grund auch »Windland«
nennt. Also warm anziehen und bei einem
Fußmarsch von Dranske zur Kreptitzer
Heide an der Steilküste die gesunde See-
luft genießen.

Regt sich andernorts auf Rügen kein Lüftchen, kann man sicher sein, dass das für Wittow nicht zutrifft. Eine Ahnung davon bekommt der Wanderer schon, während er vor dem reetgedeckten Gemeindeamt mitten in Dranske steht und noch überlegt, welchen der vielen Wanderwege er nehmen soll. Am besten einfach mal in Richtung Naturschutzgebiet Kreptitzer Heide gehen. Nach etwa zehn Minuten lässt er den Ort hinter sich und gelangt hinter dem Restaurant Kleine Meerjungfrau direkt an die See – mit Blick auf den Dornbusch der Insel Hiddensee, die Wittow direkt gegenüberliegt.

Dann biegt man nach rechts und geht eine Weile am Strand entlang, begleitet vom Tosen des Meeres. Wer genau hinschaut, sieht an der Steilküste die Nisthöhlen der Uferschwal-ben, die mit nur zwölf Zentimetern Körperlänge die kleinste Schwalbenart Europas ist. Bis zu 2000 Paare brüten am Kreptitzer Kliff.

Zartbesaitete sollten die Chance nutzen und über die Holztreppe auf den Hochuferweg wechseln. Der Unterschied verblüfft – das schmale Band aus Bäumen und Sträuchern schützt enorm vor den vom Meer her wütenden Böen. Hier oben sind sie nur noch ein Rauschen in den Bäumen und zerren nicht mehr an der Kleidung und an den Nerven. Einfach fantastisch!

Nach einer Weile geht der Weg in einen Feldweg über, und jenseits des Feldes sieht man auch schon das kleine Dorf Goos mit seinen Rohrdach-Häusern. Der Weg endet in Kreptitz, vor einer Ferienanlage mit Campingplatz

Wind und Wellen satt hat der Wanderer auf Wittow. Man sieht es an den gekrümmten Bäumen und dem dicken Fell der Schafe.

und dem Bistro Ostseewind. Wie passend. Links davon geht es in das Naturschutzgebiet Kreptitzer Heide, zu dem auch die Dünen, die Steilküste und der vorgelagerte Block- und Steinstrand gehören.

Erst einmal lockt aber eine kleine Rast am Strand oder oberhalb davon auf einer Bank. Doch schon bald treibt einen der Bewegungsdrang weiter – durch ein Gatter auf den Holzbohlenweg, der durch die »Heide« führt. Die sieht ganz anders aus als ihr violett blühendes Pendant in Lüneburg, nämlich je nach Jahreszeit grün-gelb-bräunlich. Sandmagerrasen heißt das. Und der ist ökologisch hoch wertvoll. Stark gefährdete Arten wie Sand-Grasnelke oder die Gemeine Sommerwurz gedeihen hier.

Am Heidehof angelangt, mit hübschen Rauwolligen Pommerschen Landschafen auf der Wiese vor der Tür, stellt sich dem Wanderer die Frage der Fragen: einkehren oder umkehren? Früher oder später heißt es aber so oder so: auf dem Wiesenpfad zurückgehen. Eventuell kreuzt eine Ringelnatter den Weg. Sie ist absolut harmlos und hübsch anzusehen, mit ihren beiden gelben Flecken am Kopf.

Nachdem man das Naturschutzgebiet wiederum durch ein Gatter verlassen hat, geht es auf dem gleichen Weg zurück nach Dranske, auf dem man schon gekommen ist.

Tipp: Bei gutem Wetter und mit etwas Zeit im Gepäck kann man alternativ auch am Strand zurückgehen. Kleiner Nachteil: etwas beschwerlicher wegen der Steine.

FAZIT: NACH DIESER AUSGEDEHNTEN WANDERUNG WEIß DER URLAUBER, WIE DIE HALBINSEL WITTOW ZU IHREM SPITZNAMEN KAM – UND IST UM VIELE EINDRÜCKE REICHER.

Hin & Weg: Mit dem Bus nach Dranske und von dort auch wieder zurück.

Beste Zeit: März–Oktober. Öffnungszeiten der Lokale unter www.ostseewind-kreptitz.de und www.ferienpark-heidehof.de

Dauer & Strecke: 3–4 Std. und 12 km zu Fuß.

Ausrüstung: Laufschuhe, Verpflegung. Ab Oktober sieht es mit Einkehrmöglichkeiten schlecht aus. Deshalb vorher informieren, ob die Gaststätten geöffnet haben.

MYSTIK UND FRIEDEN

⟩ ... bei den Hünengräbern von Lancken-Granitz ⟨

Friedhöfe sind gute Fluchtpunkte, wenn es anderswo zu laut und lebendig ist. Noch besser aber sind Grabstätten, die so alt sind, dass man neben allem Frieden auch noch eine gehörige Portion Mystisches findet. Zum Beispiel bei einer Tour zu den Hünengräbern im Südosten der Insel.

Der Weg führt einmal quer durch den Ort, vorbei an Gebäuden, die alles andere als für die Ewigkeit gebaut wurden. Der alte Plattenbau, der zur Pension wurde. Das heruntergekommene Backsteinhaus, dessen Reetdach so ausschaut, als hätte ihm ein Riese mal eben durch die Frisur gewuschelt ... Womit wir beim Thema wären.

Riesen, Hünen also, müssen hier auf dem Feld, etwa einen Kilometer von Lancken-Granitz entfernt, einst am Werk gewesen sein. Das glaubten zumindest unsere Vorfahren beim Anblick der Großsteingräber, die vor einigen tausend Jahren aus tonnenschweren Findlingen zusammengeschoben wurden und daher lange Hünengräber hießen. Heute weiß man es besser. Natürlich waren es keine Riesen, sondern Steinzeitmenschen, die im Übrigen auch schon das Rad erfunden hatten. Auch

weiß man, dass hier wohl keine kompletten Leichname ihre letzte Ruhe fanden, sondern nur einzelne Knochen, dafür aber von vielen verschiedenen Menschen. Dolmen nennt man die Stätten, was aus dem Bretonischen stammt und Steintisch heißt.

Sieben dieser Dolmen gibt es auf dem kleinen Spaziergang über das Feld zu entdecken. Im Schutz hoher Bäume liegen sie da, die flankierenden Steine im Rechteck angeordnet und oft mit der großen Platte obenauf. Bei manchen kann man sogar noch den nur etwa 80 Zentimeter hohen Kriechgang entdecken, eine Eigenart der Rüganer Hünengräber. Das letzte Hünengrab ist ganz Höhle. Eine Spinne bewacht den Eingang. Doch man muss nicht hineinkriechen, um das Innere zu entdecken: Einfach ein Foto mit Blitzlicht machen – schon bekommt man eine Ahnung.

Selbst in den Sommermonaten sieht man an den Hünengräbern wenig Touristen. Man kann die imposanten Stätten ganz in Ruhe erkunden und die Kraft der Natur bestaunen. Selbst die Hünen können Bäume nicht vom Wachsen abhalten.

Ein bisschen wie ein Entdecker fühlt man sich hier, so einsam im Wald, mit diesen eigenwilligen Grabstätten, die wie Vorläufer der Pyramiden anmuten. Einfach innehalten und die Mystik wirken lassen. Demut spüren gegenüber dem Ewigen und dem Vergänglichen. Bis man wieder zurückkehrt in die Gegenwart, zur Kurzlebigkeit der Sandburgen und Strandkuhlen.

FAZIT: SIEBEN AUF EINEN STREICH – KOMPAKTER KANN MAN DIE HÜNENGRÄBER RÜGENS NICHT ERLEBEN.

Hin & Weg: Mit dem Bus bis Lancken-Granitz, dann einmal quer durch den Ort und den Schildern zu den Großsteingräbern folgen.

Beste Zeit: Ganzjährig – aber im Herbst und im Winter entfalten sie ihren mystischen Charme auf ganz besondere Weise.

Dauer & Strecke: Mit Spaziergang durch den Ort 1–1,5 Std. Ca. 3 km zu Fuß.

Ausrüstung: Festes Schuhwerk.

OMMM BEI SONNEN-AUFGANG

 ... am Strand von Binz

Kaum ein Ort scheint besser für Yoga geeignet als der Strand: Der Blick zum Horizont entspannt, das Meeresrauschen ersetzt jede Meditations-CD – und wenn, wie hier am Strand von Binz, in den frühen Morgenstunden auch noch die Sonne direkt über dem Meer auftaucht, dann kann man den Sonnengruß gar nicht oft genug wiederholen.

Auf den Sonnengruß folgen weitere Yoga-Posen, wie etwa hier die der einbeinigen Taube.

Unweigerlich passt man den eigenen Atem dem Rhythmus des Meeres an. Einatmen: Welle zieht sich zurück. Ausatmen: Welle rollt auf den Strand zu. Die Augen sind geschlossen, die Ohren lauschen der See, die Füße spüren den Sand unter dem Handtuch. So steht man da und wird ganz ruhig. Eigentlich könnte man jetzt damit anfangen, womit Yoga für gewöhnlich aufhört: mit der Entspannung zu beruhigenden Klängen. Denn das, was sonst eine Meditations-CD vorspielt, kommt hier live vom Meer.

Doch dafür ist immer noch Zeit. Besser nutzt man die frühe Stunde und den leeren Strand für ein paar Yoga-Übungen. Der Sonnengruß, die typische Bewegungsabfolge zur Aktivierung von Körper und Geist, macht den Anfang. Dafür stellt man sich aufrecht hin und führt beim nächsten Einatmen die Arme über die Seiten nach oben, der Blick folgt den Daumen.

Danach tut der Körper all das, was der Sonnengruß von ihm verlangt: Oberkörper nach vorn runterbeugen und Hände neben die Füße (dabei ausatmen), rechten Fuß nach hinten stellen (einatmen), Position herabschauender

Hin & Weg: Per Zug oder Bus nach Binz, von dort an den Strand und ein schönes Plätzchen suchen.

Beste Zeit: Frühjahr, Sommer, Herbst.

Dauer: Je nach Kondition, ca. 1–2 Std. Wer Yoga lieber unter Anleitung macht: in Binz geht das kostenlos (Termine erfährt man im Haus des Gastes, Heinrich-Heine-Straße 7).

Ausrüstung: Handtuch oder Yogamatte, bequeme Sportkleidung, Trinkflasche.

Auch schön: Yoga in der Gruppe und unter Anleitung.

Hund einnehmen (ausatmen), Brettposition (einatmen), Körper ablegen (ausatmen), kleine Kobra (einatmen), herabschauender Hund (ausatmen), rechten Fuß zwischen die Hände stellen (einatmen), den linken Fuß neben den rechten bringen (ausatmen), aufrichten und die Arme über die Seite nach oben bringen (einatmen) – und dabei den Blick zur Sonne richten, die über dem Meer gerade aufgeht, da rechts, gleich neben der Granitz.

Noch einen Sonnengruß möchte man machen. Und gleich noch einen. Denn jedes Mal, wenn sich die Arme gen Himmel schieben, steht auch die Sonne ein bisschen höher. Fast könnte man glauben, die Bewegungen des eigenen Körpers wirken wie eine Kurbel, die den Feuerball Stück für Stück nach oben hievt.

Tatsächlich hat er eine erhebende Wirkung, dieser Sonnengruß am Strand. Sämtliche Muskeln werden gestärkt und gedehnt. Man fühlt sich wacher, gesünder, bewusster in seinem Körper und in seiner Umgebung. Aber vor allem: fit für weitere Yoga-Übungen.

FAZIT: YOGA MIT DER AUFGEHENDEN SONNE VOR AUGEN UND DEM MEERESRAUSCHEN IM OHR – BESSER GEHT'S NICHT.

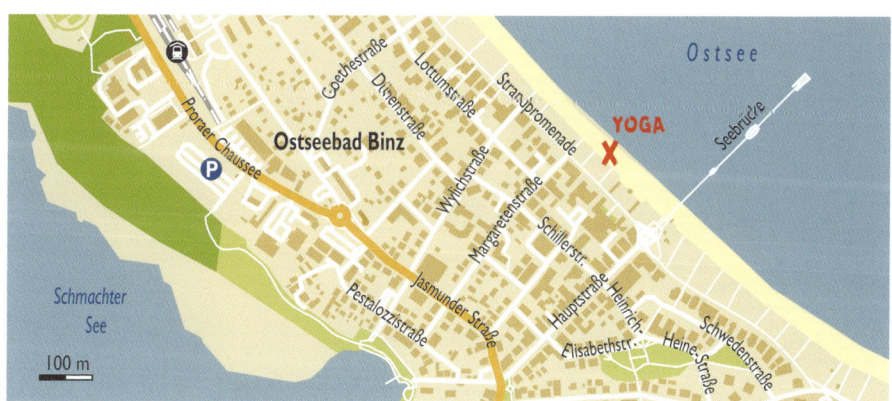

VORSICHT, ABBRUCH- KANTE!

>=< ... auf dem Hochuferweg zwischen Sellin und Binz >=<

#6

Plötzlich ist sie weg. Von einem Tag auf den andern. Ja, am Steilufer kann es schon mal sein, dass morgen alles anders ist als gestern. Da ist dann auch eine stattliche alte Buche plötzlich nicht mehr da. Einfach in den Abgrund gestürzt. Zum Beispiel am Ostrand der Granitz, wo Wald und Meer einander treffen – zumindest auf den ersten Blick.

An der Steilküste sieht es so aus, als würden sich die Bäume mit ihren Wurzeln in den Boden krallen, um Halt zu finden.

versucht ihr tagtäglich etwas abzutrotzen, ihr die Buchen zu »klauen«. Die stehen hier unter Naturschutz, aber was hilft's, wenn die Natur es selber mit dem Schützen nicht so genau nimmt? Eines Tages wird wieder eine »kronenüber« ins Meer stürzen. Küstendynamik nennt man das, und wie im Zeitraffer kann man sie beobachten. Unablässig erodieren Wind und Wellen die Steilwand. Gefährliches Terrain also, mit dem die Bäume hier fertig werden müssen. Wer auf dem Hochuferweg von Sellin nach Binz wandert (oder umgekehrt), sieht mit Staunen ihre Widerstandskraft. Mit ihrem Wurzelwerk krallen sie sich noch ins Erdreich, während um sie herum einige Veteranen bereits das Zeitliche gesegnet haben.

Am östlichen Rand eines der schönsten Waldgebiete Deutschlands, der Granitz, kann man das Werden und Vergehen, den Lauf der Natur, live erleben. Wald und Meer berühren einander hier beinahe. Die Ostsee nagt an der Granitz,

Der Weg selbst ist ungefährlich und sehr schön zu gehen, man sollte ihn aber auch nicht verlassen oder sich zu nah an die Klippen heranwagen: Wer weiß, ob der Wanderer dann nicht auf einer vorspringenden Kliffkante steht – die dann plötzlich nachgibt.

Fast immer an der Kante entlang führt der Weg zwischen Binz und Sellin. Dem Wanderer bieten sich grandiose Ausblicke.

Das Steilufer der Granitz besteht aus den Ablagerungen einer Endmoräne, einer Mischung aus Sanden und Kiesen des Schmelzwassers, Geschiebemergel, Lehm und Blockpackungen. Im gesamten Küstenabschnitt zwischen Binz über Sellin bis Baabe ist das »Problem« das gleiche: Abbrüche, Rutschungen, Steinschlag. Das Material häuft sich erst am Strand an, wird aber bald von den Wellen der Ostsee davongetragen. Wie stark sich das Gebiet mit den Jahren verändert, das sieht man an den Fotos auf den Infotafeln. Wer oft hierherkommt, weiß das aus eigener Anschauung nur zu gut.

Strandspaziergänger können sich anhand der mit Feuersteinen durchsetzten Kalkfelsen vielleicht ein Bild davon machen, dass die gesamte Insel von der Eiszeit geformt wurde.

Die bei Sammlern beliebten Feuersteine waren teils ursprünglich Schwämme und sind ein Relikt des Jura-Meeres.

FAZIT: DIESE WALDWANDERUNG MIT DEN HERRLICHEN AUSBLICKEN UND ETWAS »GEOLOGIE-UNTERRICHT« KANN MAN JEDES JAHR VON NEUEM MACHEN. JEDES MAL IST SIE ANDERS. IMMER IST SIE SCHÖN.

Hin & Weg: Entweder von Binz oder von Sellin aus.

Beste Zeit: Frühjahr–Herbst.

Dauer & Strecke: Ca. 2,5 Std. und 10 km zu Fuß.

Ausrüstung: Festes Schuhwerk, je nach Wunsch Verpflegung.

HOCH HINAUS ...

... und schnell hinab in Bergen

#7

Rügens Inselhauptstadt heißt nicht ohne Grund Bergen, denn in der Mitte thront eine Erhebung von 91 Metern, der Rugard. Wer hier hochkommt, will vor allem eines: schnell wieder runter. Auf der Sommerrodelbahn zum Beispiel. Oder der Riesenrutsche. Wo oder wie auch immer – es macht Spaß.

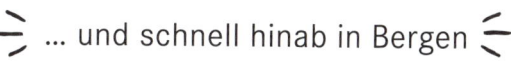

Rauf und runter geht es nicht nur auf der Rodelbahn, sondern auch im Ernst-Moritz-Arndt-Turm mit seiner hübschen Eisentreppe. Beste Ausblicke inklusive.

Die Steppkes sind eindeutig im Vorteil. Mutig überbieten sie sich gegenseitig mit ihren Geschwindigkeiten. 34! 38! 41! Man selbst inspiziert derweil die Bremse, denn statt des vorfreudigen Kribbelns macht sich ein mulmiges Gefühl im Magen breit. Gleich geht's abwärts: in einem Gefährt auf Schienen, das sich Schlitten nennt, auf einer 700 Meter langen Rodelbahn. Mehr eine Achter- oder Bobbahn als der sanfte Schneehügel aus Kindertagen. Ein Höhenunterschied von 27 Metern ist zu nehmen. Wenn das mal gut geht!

Hoch und runter geht es auf dem Rugard irgendwie bei allem, was einen hierherlockt. Das mag daran liegen, dass der Berg mit seinen 91 Metern nicht allzu viel Höhenfeeling zu bieten hat, also wird ein bisschen nachgeholfen. Das älteste Beispiel ist der schöne Backsteinturm wenige Meter weiter, der im Jahr

1877 eingeweiht wurde und dem inzwischen umstrittenen Dichter Ernst Moritz Arndt ein Denkmal setzt. Eine Wendeltreppe führt nach oben in eine Glaskuppel. Und von dort genießt man einen fantastischen 360-Grad-Ausblick. Sogar die Kirchtürme von Stralsund und den Leuchtturm von Hiddensee kann man von hier sehen. Wenn das Wetter es zulässt.

Eine gute Aussicht hat man auch vom Rutschenturm, der mit seinen nur 23 Metern Höhe kaum kleiner ist als der Ernst-Moritz-Arndt-Turm. Er steht direkt neben der Rodelbahn. Wer die Treppe nicht wieder runterlaufen will, kann eine der drei Riesenrutschen nehmen. Die insgesamt 50 Meter lange Röhrenrutsche zum Beispiel. Das Design kennt man aus Spaßbädern. Allerdings: Wer hier in die Röhre guckt, hat von der Aussicht nichts mehr. Dann vielleicht doch lieber die Wellenrutsche aus elf Metern Höhe? Auf der dritten Rutsche aus 16 Metern wird man hingegen wohl kaum noch einen Blick haben für die schönen Wälder drumherum: Die heißt nicht ohne Grund Freifallrutsche.

Beim Blick auf die Riesenrutschen relativiert sich der Blick des Rodlers in den Abgrund. So schlimm kann es nicht werden. Und los geht's. Schwerkraft und Gefälle tun ihren Job und die Bremse ist auch im Anschlag. Doch kaum hat man sich an die Geschwindigkeit gewöhnt, lässt man sie locker. Schwungvoll geht es in die Kurven und über kleine Jumps. Ein Schild zeigt das eigene Tempo an. Es muss beachtlich sein: Man kann es kaum lesen, schon ist man vorbei.

Noch eine Kurve, noch eine … viel zu schnell ist die Fahrt zu Ende. Automatisch eingehängt, wird man nun über eine lange gerade Schräge hinauf zum Ausgang gezogen. Wie war das noch mal mit der Zehnerkarte?

Hin & Weg: Vom Bahnhof Bergen zum Rugard (ausgeschildert) sind es zu Fuß etwa 20 Minuten.

Beste Zeit: Immer – denn man braucht ja keinen Schnee. Mehr unter www.erlebniswelt-rugard.de

Dauer & Strecke: Mit Erkundungen auf dem Rugard 1–2 Std. Von Bergen aus hin und zurück ca. 5 km.

Ausrüstung: Fernglas für den Ernst-Moritz-Arndt-Turm

FAZIT: RODELN OHNE SCHNEE UND MIT GESCHWINDIGKEITSMESSUNG!

NICHT IMMER NUR GELATO

> ... Beachtennis in Binz

Die Italiener haben es erfunden, seit ein paar Jahren liegt Beachtennis auch in Deutschland voll im Trend. Jetzt ist der Ballsport, den man als eine Mischung aus Badminton, Tennis und Beachvolleyball beschreiben kann, auch an Rügens Küste angekommen. Eine Tour an den Strand, mit Paddles in der Hand.

Es braucht nur wenige Aufschläge, schon ist man aus der Puste. Wer hätte gedacht, dass eine Sportart, die normalerweise für lässige Strandaktivität steht, derart anstrengend sein kann? Dabei sah es am Anfang so entspannt aus. Und so einfach. Tatsächlich ist Beachtennis sehr viel einfacher zu erlernen als etwa Tennis oder Badminton. Schläger in die Hand, Schuhe aus, und schon kann es losgehen. Der Ball darf nicht den Boden berühren, ansonsten sind die Regeln weitestgehend vom Tennis übernommen. Die Reaktionsfähigkeit der Spieler sollte so fix wie beim Badminton sein, Beinarbeit und Stimmung am Spielfeldrand wie beim Beachvolleyball. Seinen Ursprung hat Beachtennis übrigens an der italienischen Adriaküste, wo im Jahr 1988 im Badeort Grado zum ersten Mal ein Turnier gespielt wurde. Damals noch mit gewöhnlichen Tennisschlä-

gern und einem 180 Zentimeter hohen Netz am Strand (heute ist es zehn Zentimeter niedriger). Zehn Jahre später nahm der Deutsche Tennis Bund die Sportart in sein Regelwerk auf. Anfangs wurde auch in Deutschland mit Tennisschlägern gespielt, inzwischen ist

---

Hin & Weg: Vom Bahnhof Binz geht man am besten zum Strandabgang 35.

Beste Zeit: Das Beachtennisfeld ist von Juni bis September aufgebaut. Für ambitionierte Beachtennisspieler werden hier auch regelmäßig Turniere veranstaltet (Termine und Infos unter www.ostseebad-binz.de).

Dauer & Strecke: Ca. 2 Std. Wie viel man läuft, hängt ganz vom individuellen Ehrgeiz ab ...

Ausrüstung: Paddles und Tennisball (beides kann man auch an der Rezeption des Hapimag Resort Binz, Strandpromenade 66, ausleihen), Sportbekleidung.

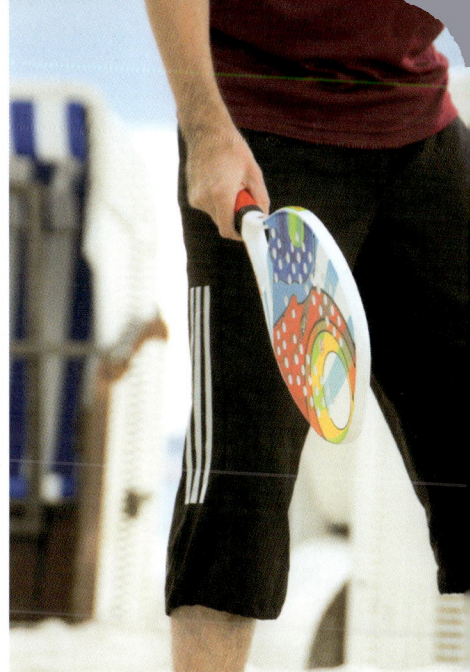

Der Ball darf nicht den Boden berühren, ansonsten sind die Regeln weitestgehend vom Tennis übernommen. Gespielt wird mit Paddles und drucklosen Tennisbällen.

man auf Paddles umgestiegen: Beachtennis-Schläger aus Hartgummi ohne Bespannung. Die Paddles gibt es natürlich auch hier am Strand von Binz. Hat man sich erst eingespielt und ist das erste Kräftetief überwunden, dann macht es großen Spaß, den Ball über das Netz zu schlagen, dabei den gesamten Körper zu spüren – und die Sonne auf der Haut. Beachtennis ist gut für Kondition und Beinarbeit. Je mehr Übung, desto mehr macht sich das bemerkbar. Und dann auf einmal wagt man sich vielleicht sogar an eine akrobatische

Sprungeinlage, schießt hoch in die Luft, fast wie ein Profi – und ein paar Zuschauer am Strand applaudieren. Wer sagt's denn: Ist doch ganz einfach!

FAZIT: WER MAL ETWAS ANDERES ALS BEACHVOLLEYBALL SPIELEN MÖCHTE, IST HIER RICHTIG. AUCH ANFÄNGER KÖNNEN SICH TRAUEN.

ENDLICH RUHE

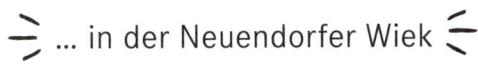 ... in der Neuendorfer Wiek

 **#9**

*Im Naturparadies Neuendorfer Wiek
sollte einst Kies abgebaut werden, der
Widerstand der Naturschützer zeigte
aber Erfolg. Heute kann man das geschützte Gebiet erwandern. Und dabei
einiges lernen.*

Den Umweltschützern sei Dank: Statt röhrender Bagger rasten nun Seevögel im Röhricht. Spaziergänger können die Ruhe genießen und Lerchen unbesorgt ihre Nester bauen.

Kaum hat der Wanderer das Naturschutzgebiet Neuendorfer Wiek betreten, umfängt ihn eine angenehme Ruhe. Im flachen Wasser der Lagune tummeln sich Zwergtaucher, Insekten summen im Gras, Vögel zwitschern in den Bäumen. Innehalten, lauschen, entspannen.

Danach werden andere Sinne gebraucht. Vor allem heißt es: genau hinschauen! Denn auf dieser Wanderung bietet sich dem Besucher ein Mosaik aus verschiedenen Lebensräumen und ihrer charakteristischen Bewohner: die Bucht als Rast- und Schlafplatz Tausender Wasservögel; die Insel Beuchel – ein bedeutendes Brutgebiet für Austernfischer und Seeschwalben; Trockenrasen mit Wildbienen und Schmetterlingen; ein Moor mit wertvollen Torfmoosen und der angrenzende Wald mit Spechten, Greifvögeln und Fledermäusen. Alle diese Lebensräume sind grundsätzlich selten

geworden und benötigen deshalb besonderen Schutz. Im Schutzgebiet Nordrügensche Boddenlandschaft, bestehend aus dem Neuendorfer Wiek und der Insel Beuchel, rasten im Winter in der Boddenbucht bis zu 20 000 Meeresvögel.

Von zwei Schutzhütten aus kann man die Seevögel auf der Insel beobachten, ohne sie zu stören. 18 verschiedene Arten brüten dort. Auch bedrohte Pflanzenarten wie das Deutsche Filzkraut, aber auch Sandbienen und Erdhummeln können Besucher hier kennenlernen. Und gelegentlich zeigt sich sogar ein Seeadler oder ein Fischotter – ein bisschen Geduld vorausgesetzt.

Das alles wäre kaputtgegangen, wenn die seit Anfang der 1990er-Jahre bestehenden Pläne für ein Kiesbergwerk verwirklicht worden wä-

ren. Doch zum Glück für die heutigen Rügen-besucher haben der Bund für Umwelt- und Naturschutz Deutschland (BUND) und seine Mitstreiter einen langen Atem – ihnen ist es zu verdanken, dass das Kiesbergwerk abgewen-det werden konnte: Ganze 17 Jahre haben sie dagegen angekämpft.

Auf dem Spaziergang sollte man also nicht vergessen: Diese Ruhe, sie ist nicht selbst-verständlich.

Hin & Weg: Mit dem Bus bis Haltstelle Neuendorf/ Dorf.

Beste Zeit: Ganzjährig.

Dauer: 1,5–2 Std. Der BUND bietet kostenlose Führungen an. Termine auf www.bund-mecklenburg-vorpommern.de

Ausrüstung: Festes Schuhwerk, Fernglas.

FAZIT: BESSER ALS JEDE BIOLOGIE-STUNDE: EIN SPAZIERGANG DURCH UNBERÜHRTE NATUR, IN DER MAN VIELE SELTENE ARTEN ENTDECKEN KANN.

→ ABSTECHER…

MAL RICHTIG AUSPOWERN

... in der Granitz

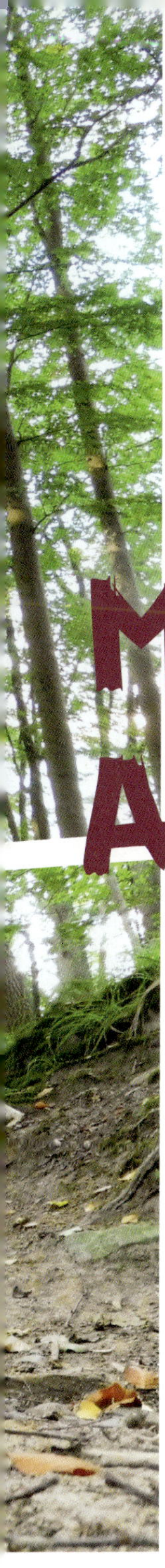

#10

Trailrunning heißt Laufen abseits des Asphalts, über Stock und Stein, durch Wälder und Wiesen – das trainiert Kraft, Schnelligkeit und Stehvermögen. Die Granitz, das hügelige Waldgebiet zwischen Binz und Sellin, ist wie geschaffen für diese Art des effektiven Auspowerns.

#Konzentrationgefragt #aussichtsreich #strammbergauf

Noch kann man es Joggen nennen: das Laufen auf dem breiten Waldweg. Gut, um sich aufzuwärmen. Doch Trailrunning ruft nach gröberem Gelände. Nach unebenem Untergrund. Nach Pfützen, Laub und dicken Ästen. Rechterhand führt ein kleiner Weg nach links, ein Trampelpfad, getreten von Wanderern, die dort das Meer erahnten.

Dabei bleiben die Augen auf den Weg geheftet, während der Körper sich ständig neu stabilisiert. Muskeln, die im Alltag kaum beansprucht werden, müssen nun arbeiten. Der Kopf tut derweil gut daran, nicht die Orientierung zu verlieren. Trailrunning, seit 2005 vom Weltleichtathletikverband als IAAF-Disziplin anerkannt, ist eine schweißtreibende Angelegenheit, die den ganzen Körper fordert. Nach ein paar Metern geht es eine kleine Anhöhe hoch, dann kurz innehalten.

Das Meer liegt dem Läufer zu Füßen. Dazwischen zieht sich eine imposante Steilküste den Hang hinauf. Beim Laufen den Blick nach unten auf den Boden zu halten fällt schwer bei diesen Ausblicken, ist aber ratsam: Die kleinste Ablenkung wird schnell von einer Baumwurzel bestraft. Also Konzentration. Und das Tempo ständig dem Gelände anpassen. Um Schnelligkeit geht es nicht beim Trailrunning – und doch wird dabei, durch den vielseitigen Muskelaufbau, genau das trainiert.

Eine kleine Schlucht hindert am Geradeauslaufen, also rechts lang, zurück auf den breiten Weg, bis zur Kreuzeiche, der großen »Kreuzung« in der Granitz. Hier links runter, Richtung Schloss. Nur nicht auf dem Hauptweg bleiben, kleine Wege nehmen, weiterlaufen. Sich zu verlaufen ist unmöglich, irgendwann wird ein Schild schon wieder den Weg weisen.

Beim Trailrunning legen sich dem Läufer die verschiedensten Hindernisse in den Weg: grazile Baumstämme, moosbewachsene Baumstümpfe und zuweilen gar ein ganzes Schloss.

Am besten nimmt man den auf den 107 Meter hohen Tempelberg. Beim Bergauflaufen verkürzt sich der Schritt beinahe automatisch, dabei den Rücken gerade halten und die Arme aktiv einsetzen. Oben, auf dem höchsten Punkt der Granitz, thront das Mitte des 19. Jahrhunderts für die Putbuser Fürstenfamilie gebaute Jagdschloss, um das man eine Runde dreht. Kurz rasten, und dann geht es zurück.

Hin & Weg: Mit dem Zug oder Bus nach Binz, über den Klünderberg zum Parkplatz – von hier dann einfach in die Granitz laufen.

Beste Zeit: Frühjahr und Herbst.

Dauer & Strecke: Je nach Kondition – so lange und so weit die Füße tragen.

Ausrüstung: Laufschuhe mit gutem Profil, atmungsaktive Laufkleidung, Trinkflasche.

FAZIT: TRAILRUNNING IST EINE GANZ BESONDERE ART, DIE GRANITZ ZU ERKUNDEN UND DAS BERÜHMTE JAGDSCHLOSS ZU ERLEBEN.

ÜBER DEN WIPFELN

 ... Perspektivwechsel in Prora

#11

Zwischen Baumkronen wandeln, einer 30 Meter hohen Rotbuche zu Kopf steigen und vom Adlerhorst den Blick auf die Ostsee und die Rügener Landschaft genießen – der Baumwipfelpfad in Prora macht es möglich.

Erst 2013 eröffnet, jetzt schon eine Art Wahrzeichen von Rügen: der Aussichtsturm, der einem Adlerhorst nachempfunden ist – und daher auch so heißt.

Mitten im Wald muss man plötzlich an Museumsbauten denken. An Rampen, die sich spiralförmig nach oben schrauben: Gemälde auf der einen Seite, Geländer auf der anderen. Nur ist es hier keine Kunst, sondern die Natur, die sich dem Besucher rechterhand präsentiert. Und statt auf Beton läuft man auf Holzbohlen. Doch hier wie da eröffnen sich zu beiden Seiten ständig neue Perspektiven – und faszinieren.

Dabei ist dieser sogenannte »Einstiegsturm« nur der Anfang. Hier beginnt nämlich der Baumwipfelpfad des Naturerbe-Zentrums Rügen in Prora. Mit seinen 14 Metern Höhe bietet er einen Vorgeschmack auf den 40-Meter-Bau, den man bei der Anreise schon von Weitem gesehen hat. Der Weg dorthin führt nach dem Einstiegsturm etliche Meter über dem Waldboden durch die Bäume. Was für ein Vergnügen, dort zu wandeln, wo man sonst nur mit Flügeln hinkommt!

Damit es auch ja nicht langweilig wird: Begehbare Wackelelemente sorgen für den Thrill in luftiger Höhe. Ach ja: Fernglas nicht vergessen!

Als wären damit die Sinne nicht schon genug beglückt, lenken hier und da kleine Zwischenstationen die Aufmerksamkeit auf sich. An manchen kann man sich über Klappkarten und Daumenkinos interaktiv Wissen erschließen (Wie alt können Eichen werden? Wie wird aus einem Ei ein Schmetterling?). An anderen zieht man sich über wackelige Bohlen und Ketten voran, den Blick tapfer auf den Abgrund geheftet. Höhenangst macht sich hier nicht gut.

Irgendwann steht man dann vor diesem Turm, der zum Adlerhorst führt, der weithin sichtbaren Aussichtsplattform des Naturerbe-Zentrums. Wie der kleine Turm am Anfang schraubt sich auch hier der Weg spiralförmig in die Höhe – mit offenem Blick nach beiden Seiten. Nur wurde die Rampe um eine mächtige Rotbuche gebaut, der man somit quasi Schritt für Schritt zu Kopf steigt.

Hat man die Krone passiert, schrumpft der 30 Meter hohe Baum – aus der Vogelperspektive betrachtet – plötzlich zum Buschwerk.

Noch ein paar Umdrehungen, dann weitet sich der Turm zum Adlerhorst, der gigantischen Aussichtsplattform mit fantastischem 360-Grad-Ausblick auf das Meer, den Wald und den Bodden – und damit auch auf eine Landschaft, die einst selbst eine großartige Perspektive bekam: Nach der Wende wurde aus dem ehemaligen Militär- ein Naturschutzgebiet. Und was für eines!

FAZIT: EINE TOUR FÜR DIE GANZE FAMILIE, DIE JEDEN BEGEISTERT UND KAUM MÜHEN MACHT! BEI DER GERINGEN STEIGUNG VON SECHS PROZENT HABEN AUCH ROLLSTÜHLE UND KINDERWAGEN KEINE PROBLEME.

Hin & Weg: Mit dem Bus bis zur Haltestelle Forsthaus Prora oder mit dem Naturerbe-Prora-Express ab der Seebrücke Binz.

Beste Zeit: Ganzjährig, bei schönem Wetter aber am besten. Mehr unter www.nezr.de

Dauer & Strecke: 1,5–2 Std. und 1,2 km zu Fuß.

Ausstattung: Fernglas.

IM VOGEL-PARADIES

... am Nonnensee in Bergen

#12

Gut fünf Kilometer misst der Rundweg um den Nonnensee. Wer lange nicht gelaufen ist, könnte da schnell aus der Puste kommen und eine Verschnaufpause brauchen. Das macht aber nichts, im Gegenteil: Am Nonnensee kann man nämlich beim langsamen Gehen ganz nebenbei zum Ornithologen werden.

Wiesen und Pferdekoppeln säumen den Nonnensee. Die Aussichtsplattform ist ideal, um Vögel zu beobachten.

schmuck, Stieglitze und Bekassinen. Selbst ohne Fernglas – wer möchte schon zum Joggen ein Fernglas mitnehmen? – sind die Vögel gut auseinanderzuhalten.

Genug pausiert, weiter geht es im dynamischen Laufschritt. Der Weg führt zwischen Feldern hindurch, an einer kleinen Siedlung und ausgedehnten Wiesen vorbei. Der gut zwölf Meter tiefe Nonnensee ist ein Schmelzwassersee, entstanden vor etwa 10 000 Jahren, gegen Ende der letzten Eiszeit. Fast wäre er im letzten Jahrhundert trockengelegt worden – und nur einem Zufall ist zu verdanken, dass dies letztlich nicht geschah. Oder besser: einem Ausfall. Mitte der 1990er-Jahre fiel die Pumpstation mehrere Wochen aus, die seit den 1960er-Jahren das Wasser in den vorbeifließenden Bach pumpte, der es dann zu bewirtschaftetem Grünland brachte. Innerhalb kürzester Zeit lief die Niederung wieder voll mit Wasser – der See eroberte sich seine Flächen zurück, und die ersten gefiederten Gäste fanden sich ein. Man beschloss nun, den See zu erhalten. Dass er bald eine große Bedeutung für Wasservögel aus dem Norden und Osten Europas bis nach Sibirien erlangen sollte, ahnte damals aber niemand.

Heute ist der Nonnensee der größte Mauserplatz in Ostdeutschland. Bis zu 1600 Graugänse wechseln hier zwischen Mitte Mai und Anfang Juli ihr Gefieder. Von dem hölzernen Beobachtungsturm, der nach ungefähr drei Vierteln des Rundwegs in die nächste Pause lockt, genießt man eine gute Sicht über den See und kann die Vögel beobachten, ohne sie zu stören. Und inzwischen möchte man auch selber gern eine Schicht ablegen, das Laufen hat den Körper gut erwärmt. Doch nicht nur die Muskeln fühlen sich trainiert. Auch die Augen und die Ohren sind es.

Im Urlaub wieder mit dem Joggen anzufangen hat so seine Tücken: Zu schnell losgelaufen, schon braucht man eine Pause. Zum Glück gibt es einen guten Grund, nach dem ersten Kilometer erst mal ein bisschen langsam zu gehen. Denn dann kommt der erste Beobachtungsposten. Und ist man nicht auch deswegen gekommen: der Vögel wegen? Na, also.

Eine Tafel bildet die Wasservögel ab, die hier am Nonnensee das ganze Jahr über zahlreich vertreten sind: Höckerschwäne, Graugänse, diverse Enten- und Taucherarten, Möwen, Kormorane – und vor allem: der Seeadler. Der größte einheimische Greifvogel kommt regelmäßig zum Fischfang hierher, und gegen Ende des Winters kann man hier sogar seine Balzflüge beobachten. Auch zu Gast im Herbst und Winter: Kibitze mit ihrem hübschen Kopf-

Im Herbst leuchten die Beeren am Wegesrand und der Wind fegt durch die Baumkronen.

Hin & Weg: Vom DB-Bahnhof Bergen führt eine blau gestrichene Fußgängerbrücke über die Gleise. Oder mit dem Bus bis zur Haltestelle Arbeitsamt Bergen fahren. Der Rundweg ist ausgeschildert.

Beste Zeit: Ganzjährig.

Dauer & Strecke: Etwa 1,5 Std. und 5 km zu Fuß.

Ausrüstung: Laufschuhe, Trinkflasche.

TRÄUMEN ZWISCHEN BÄUMEN

>‹ ... im Schlosspark Pansevitz ›‹

#13

Sich durch die Jahrhunderte träumen. An die eigenen Vorfahren denken. Meditieren. Zur Ruhe kommen. Das geht im 700 Jahre alten Schlosspark von Pansevitz samt dem angrenzenden Wald ganz wunderbar. Nur aufpassen, dass man sich auf den rund 40 Hektar nicht verläuft.

Die Anlage der Lindenallee geht auf Anfang des 18. Jahrhunderts zurück. Über die Wendeltreppe in einer der beiden Turmruinen gelangt man zu einem Aussichtspunkt, von wo aus man das gesamte Gelände überblickt.

Schon unter den alten Eichen und Ahornbäumen der Allee, die von der Bushaltestelle zum Schlosspark führt, könnte man ins Träumen geraten. Davon, wie es hier wohl im 14. Jahrhundert ausgesehen hat – denn so lange gibt es den Schlosspark schon – oder wie es wohl war, als die früheren Besucher in der Kutsche oder hoch zu Ross anreisten.

Vom ehemaligen Gutshaus Pansewitz ist leider nur noch eine Ruine erhalten. Die allerdings ist beeindruckend und lässt die frühere Größe des Anwesens erahnen. Es wurde im 16. Jahrhundert von einer alteingesessenen Adelsfamilie errichtet und im 19. Jahrhundert um einen Seitenflügel erweitert. Damals ließen die Besitzer auch den Schlosspark umgestalten - im Stil eines englischen Landschaftsgartens, so wie er sich auch heute noch darbietet.

Beim Spaziergang durch den Park entfaltet sich ein eigenartiger Zauber: Das Wort »lustwandeln« kommt einem in den Sinn, und man schaltet automatisch einen Gang runter. Diese Ruhe! Diese herrlichen, alten Baumriesen! Und nicht zu vergessen die beiden Linden-Alleen, die bereits Anfang des 18. Jahrhunderts angelegt wurden, und die romantischen Teiche.

Den besten Überblick über die Parklandschaft hat man von einem der beiden Turmruinen aus. Wer die Wendeltreppe nach oben steigt, dem bieten sich bereits durch die Öffnungen im Mauerwerk Ausblicke in verschiedene Richtungen: Über die Fundamente des Schlosses und den Park, die umgebende Landschaft aus Äckern und Wäldern. Schwindelfrei sollte allerdings sein, wer die Metallgitterstufen bis zu der 17 Meter hohen Aussichtsplattform erklimmt. Doch wer sich überwindet, wird mit ei-

Auf einer Holzbank im Grünen sitzen und mit Blick auf einen Teich vor sich hin träumen, das kann man hier sehr gut.

ner fantastischen Rundumsicht belohnt! Kaum vorstellbar, wie es vor der friedlichen Revolution von 1989 hier aussah. Ohne Gummistiefel habe man hier gar nicht langgehen können, berichten Anwohner.

Dass der schöne Park danach wiederhergestellt wurde, ist den früheren Eigentümern zu verdanken, die ihren Besitz zurückkauften und instand setzten. Im Park wurden Entwässerungsgräben gezogen. Die Teiche von Schlick, Schlamm und tonnenweise Schutt und Abfall befreit. An den Tümpeln, Teichen und Gräben fühlen sich nun Fischotter pudelwohl. Hinter der Fassade des restaurierten Herrenhauses und im Park finden inzwischen kulturelle Veranstaltungen statt. Konzerte, Lesungen und Ausstellungen. »Adel verpflichtet« – das ist hier deutlich sichtbar umgesetzt.

Seit 2006 tragen die Einnahmen des Fried-Waldes zur Erhaltung des Parks bei. Kleine Plaketten an den Baumstämmen verzeichnen die Namen derer, die hier ihre letzte Ruhestätte gefunden haben. Ein wirklich schöner Ort. Und für die Angehörigen ist es sicher auch ein Trost, auf einer Bank unter einem jahrhundertealten Baum ihrer Verstorbenen zu gedenken.

FAZIT: EIN BESINNLICHER AUSFLUG IN DIE GESCHICHTE, LANDSCHAFTLICH WUNDERSCHÖN.

Hin & Weg: Mit dem Bus bis zur Haltestelle Abzweig Gagern.

Beste Zeit: Ganzjährig.

Dauer: Für den Schlosspark ca. 2 Std.

Ausrüstung: Laufschuhe, Verpflegung.

AUF ZWEI RÄDERN

>‐ ... über die Insel Ummanz ‐<

#14

Fragt man Einheimische, wo man den schönsten Sonnenuntergang der Insel erleben kann, wird man oft auf die Brücke geschickt, die Rügen mit der kleinen Insel Ummanz verbindet. Allerdings nicht ohne Warnung: Es könnte etwas kitschig werden. Eine Radtour über die kleine Schwester von Rügen – mit Sundowner im Fischlokal.

Erst 1901 wurde Ummanz durch eine Holzbrücke mit der großen Schwester verbunden. Inzwischen ist die 250 Meter lange Brücke über den Focker Strom zwar aus Beton, doch sie trennt immer noch Welten: Wer auf der anderen Seite ankommt, merkt sofort, dass es hier weit ruhiger zugeht als auf Rügen.

Am besten dreht man erst mal eine kleine Runde über die Insel. Sie ist gerade einmal 20 Quadratkilometer groß und kann leicht per Fahrrad erkundet werden. Der Weg führt über die Dörfer. Von Waase geht's über Haide, Suhrendorf und Wusse teils auf dem Deich am Schaproder Bodden entlang. Am Bodden hinter dem Deich gibt es einen Campingplatz mit Naturstrand und nebenan die Surf- und Kiteschule Ummaii mit ihrem Hostel, in dem man sogar in einem Baumhaus nächtigen kann. Überhaupt hat die kleine Insel ungewöhnliche Schlafstätten zu bieten. Ein umgebauter Zirkuswagen – Zirkus Eutopia – kann direkt am Deich gebucht werden. Aber was soll man auch anderes erwarten von einem Fleckchen Erde, das für seine Sonnenuntergänge berühmt ist?

Apropos: Rechtzeitig vor Sonnenuntergang sollte man an den »Eingang« der Insel zurückkehren, um sich am Focker Strom in einem

Hin & Weg: Mit dem Bus bis Haltestelle Waase, Ummanz.

Beste Zeit: Frühjahr–Herbst.

Dauer & Strecke: Bis 4 Std. Inseltour: 9,5–10 km.

Ausrüstung: Fahrrad, festes Schuhwerk, Kamera oder Smartphone für Sonnenuntergangsfoto.

Die Weite der Landschaft, die Ruhe und der Backstein – das alles ist typisch für die kleine Insel Ummanz.

der Lokale einen Platz zu suchen. Sie bieten Fisch aus der Region, frisch oder geräuchert, sogar aus eigenem Fang und eigener Räucherei. Räuchern hat hier seit Jahrhunderten Tradition. Das Angebot ist reichhaltig, so kann man – je nach Saison – wählen zwischen Hecht, Dorsch, Zander, Flunder, Lachs und Hornfisch. Von seinem Fischteller blickt man dann direkt auf den kleinen Hafen und die darin dümpelnden Boote. Diese Szenerie ist auch ohne Sonnenuntergang schon ziem-

lich hübsch, doch wenn dann schließlich der große Feuerball im Wasser versinkt, versteht man die Warnungen. Ja, es ist etwas kitschig. Aber auch ziemlich romantisch.

FAZIT: WER SEINEN SONNENUNTERGANG GERN MIT KLEINEN FISCHERBÖTCHEN GARNIERT, IST AUF UMMANZ GENAU RICHTIG. ABER DIE INSEL LOHNT OHNEHIN EINEN BESUCH.

ERLEBNIS-PARK DER GEFÜHLE

≥ ... auf dem Friedensberg in Sellin ≤

#15

Schon die Germanen trafen sich auf dem Friedensberg in Sellin und spürten hier verborgenen Kräften nach. Vor ein paar Jahren wurde der kleine Hügel mit viel Geld als Kraftort reaktiviert.

Sich erden – das soll hier an der großen Schale besonders gut klappen.

Ganz bestimmte Gefühle soll er wecken, der Friedensberg in Sellin. An jedem Fleckchen ein anderes, mit den Methoden der Geomantie ermittelt und quasi wissenschaftlich konkret verortet. Doch das einzige Gefühl, das hier verlässlich hochkommt, sind Zweifel. An der Methode mit Rute und Pendel. An der Wirkung. Am Sinn des Ganzen. Das macht aber nichts: »Wie für alles gibt es auch für die Zweifel ein gutes Gegenmittel«, erklärt ein Schild gleich zu Beginn des Parcours, als könnte es Gedanken lesen. Und es empfiehlt schlicht: »sich einlassen.«

Schaden kann es nicht. Wer spirituell vorbelastet ist, wird vermutlich schnell herausfinden, wie er auf dem eineinhalb Hektar großen Areal über alte Zeichen und Symbole Kontakt mit den Kräften der Natur aufnehmen kann. Alle anderen können sich immerhin an »große Träume und Wünsche im Leben« erinnern lassen, wie eine der 16 Stationen heißt.

Oder Fragen stellen wie: »Wer bestimmt Ihr Leben?« (Station Ego, symbolisiert durch einen mannshohen Steinwürfel). Oder: »Warum arbeiten Sie so viel?« (am Burn-out-Punkt, symbolisiert von einem Hünengrab).

Im Zentrum des Gefühle-Parks steht ein Obelisk symbolisch für die Weisheit, umgeben von hübsch in Form gebrachten Hecken. Er markiert den Endpunkt des Parcours, hier soll der Besucher letztlich »in seiner Mitte« angekom-

men und um diverse Erkenntnisse über seinen Seelenzustand reicher sein. Eine Erkenntnis dürfte er hier mit Sicherheit gewonnen haben: Dass diese kleine bewaldete eiszeitliche Höhenlage mitten in der Stadt tatsächlich ein besonderer Ort ist. Dafür braucht es die Symbole im Pflastersteinmosaik, die Schalen und Schilder, Obelisken und Findlinge vielleicht nicht unbedingt. Es reicht auch die Bank unter hohen Bäumen, auf der man in den Wald und in sich selbst lauschen kann, ganz ohne Anleitung und Hinweise. Hier wird man Frieden finden, keine Frage.

Tipp: Wer mit dem Berg fertig ist, probiert vielleicht einfach noch ein paar der Sportgeräte aus, die unterhalb des Gefühle-Parks stehen, und passiert dann das Klettergerüst in Quallenform, um noch ein bisschen am Strand spazieren zu gehen. Einfach entlanglaufen am am Meer, diesem Kraftort, der ganz ohne Vermessung und Täfelchen auskommt.

Burn-out-Punkt am Hünengrab (oben). Panta rhei – alles fließt (unten).

> **FAZIT: OB MAN AN DIE GEHEIMEN KRÄFTE DIESES BERGES GLAUBEN MAG ODER EHER NICHT – EINE KLEINE WANDERUNG IST DER FRIEDENSBERG BEI SELLIN AUF JEDEN FALL WERT.**

Hin & Weg: In Sellin geht's in die Wilhelmstraße und beim Fischrestaurant Zum Skipper die Treppe hoch, dort beginnt direkt der Friedensberg (www.friedensberg.eu). Später weiter Richtung Seebrücke.

Beste Zeit: Immer schön.

Dauer & Strecke: ca. 1 Std., etwa 1 km zu Fuß.

Ausrüstung: Festes Schuhwerk.

AUFRECHT ÜBERS MEER

 ... Stehpaddeln in Sellin

Kerzengerade übers Wasser gleiten, das Meer mit anderen Augen sehen – und dabei den gesamten Körper trainieren: Stand-up-Paddling, kurz SUP, ist der ideale Sport für den Urlaub. Und das Schöne: Man kann ihn sehr schnell erlernen.

Anstrengender als es ausschaut: Durch das permanente Ausbalancieren werden beim Stand-up-Paddling Muskeln gefordert, von deren Existenz man zuvor noch nicht mal eine Ahnung hatte.

Na geht doch! Die Arme ziehen das Paddel kräftig durchs Wasser, drei Züge auf der einen Körperseite, drei weitere auf der anderen. Geschmeidig schiebt sich das Board über die Wellen. Aber halt, Stehpaddeln sieht anders aus: Noch kniet der Anfänger auf dem Brett. Also das Paddel quer über das Bord gelegt, die Hände abgestützt und dann – Zögern.

Vom Vierbeiner in den aufrechten Stand – auf einem Surfbrett kauernd, das sanft auf den Wellen schaukelt, bekommt man eine Ahnung, warum das in der Evolution des Menschen so lange gedauert hat. Wenn man nur so viel Zeit hätte! Ruft da jemand »Komm, mach schon«? Also Mut gefasst, die Füße aufgestellt, den Oberkörper aufgerichtet und – platsch – ins Wasser gefallen. Man hat noch nicht mal richtig gestanden.

Zurück auf das Brett zu kommen ist in dem flachen Wasser zum Glück kein Problem. Also nächster Versuch, dann noch einer ... irgendwann steht er, der Anfänger. Auf wackeligen Beinen zwar und den Blick noch ungläubig auf das Brett und die eigenen Füße geheftet – doch er steht, beide Beine etwa schulterbreit in der Mitte, lehrbuchmäßig.

Nun gilt es, nach vorn zu schauen, denn nur so lässt sich das Gleichgewicht halten. Also Blick zur Seebrücke, die nur wenige Meter weiter schon lange das macht, was das SUP-Board nun auch verspricht: Menschen in aufrechter Körperhaltung über das Meer führen. Dann kurz schauen, ob man das Paddel tatsächlich richtig hält? Ja, der Knick, diese typische Einkerbung im SUP-Paddel, zeigt nach vorn, so muss es sein.

Wie so vieles, was mit einem Surfbrett zu tun hat, kommt auch dieser Trend aus Hawaii: Stehpaddeln praktiziert man dort seit Ende der 1950er, an den deutschen Küsten dagegen erst seit einigen Jahren. 2009 wurde der erste SUP-Weltcup in Hamburg ausgetragen. Inzwischen aber boomt das Stehpaddeln, denn es bietet neben einer ganzen Menge Spaß so ziemlich das beste Ganzkörpertraining, das man sich vorstellen kann: SUP verbessert die Koordination, stärkt Bein-, Rumpf- und Rückenmuskulatur sowie Bizeps, Trizeps und Schultern. Durch das permanente Ausbalancieren werden zudem Muskeln gefordert, von deren Existenz man zuvor noch nicht mal eine Ahnung hatte.

Das bekommt inzwischen auch der Anfänger zu spüren, der schon eine Weile nicht mehr ins Wasser gefallen ist und das Board in sicheren Zügen vorwärts bewegt. Wollte er vor wenigen Minuten am liebsten immer weiter paddeln, einmal rund um Rügen und wieder zurück, möchte er am Ende der Stunde tatsächlich nur noch eins: Runter vom Brett und sich in den Sand legen. Und dann erst mal nicht wieder aufstehen. Zum Glück ist Urlaub. Da geht das.

Tipp: Wer lieber einen SUP-Kurs machen als selber lernen will, findet an verschiedenen Orten auf der Insel Angebote (in Sellin und Göhren zum Beispiel: www.proboarding.de).

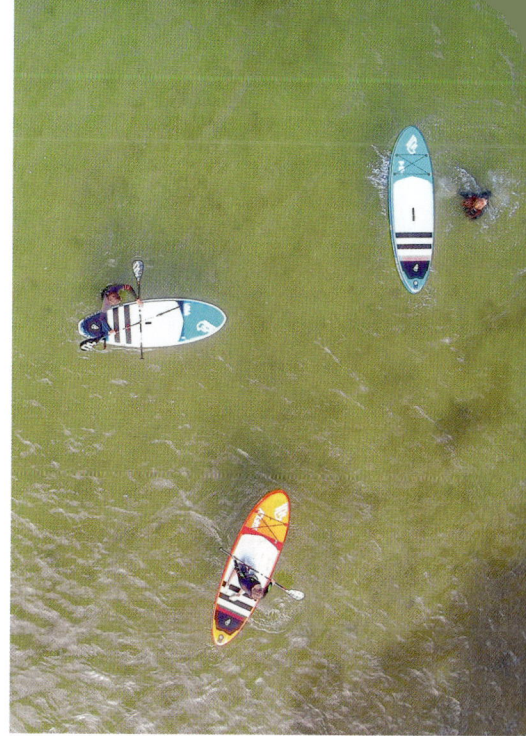

FAZIT: SUP IST EIN RIESENSPAß UND FÜR JEDEN GEEIGNET, DER SCHWIMMEN KANN.

Hin & Weg: Mit dem Bus nach Sellin, von dort zur Seebrücke marschieren.

Beste Zeit: Von Frühjahr bis Herbst, wenn es warm ist; für Anfänger sollte es nicht zu windig und das Wasser eher glatt sein.

Dauer & Strecke: Kurse dauern ca. 1–2 Std. Ansonsten: so weit und lang man eben paddeln mag.

Ausrüstung: Badesachen und Sonnencreme.

OHNE NASS ZU WERDEN

>‹ ... in Gummistiefeln von Binz nach Prora ‹<

#17

Eine Strandwanderung in Gummistiefeln weckt Erinnerungen. An den Sommer, wo man ja auch einfach so ins Meer laufen kann. Vor allem aber an unbeschwerte Kindertage. Wie wäre es zum Beispiel mit einer Wanderung von Binz nach Prora, mit Gummistiefeln und Luftsprüngen?

Startpunkt Seebrücke Binz. Hier bekommen die Gummistiefel zum ersten Mal Kontakt mit dem nassen Element.

Es gibt bequemere Schuhe als Gummistiefel: Am Spann drücken sie, das steife Material reibt an der Wade, bei jedem Schritt scheint die klobige Sohle den Fuß nach unten zu ziehen. Doch kaum ist die Hauptstraße Richtung Meer passiert und stapfen die Stiefel über den Sand zum Wasser, möchte niemand mehr das Gummi gegen Leder tauschen, oder die Boots gegen Turnschuhe. Denn jenseits des Sommers sind Gummistiefel die heimlichen Könige des Strandes. Sie machen Unmögliches möglich: Ins Wasser gehen, ohne nass zu werden – was für ein Privileg! Nichts kann einen jetzt stoppen. Einfach ins Meer laufen und zusehen, wie die Wellen die Beine umspielen. Als ob Sommer wäre. Nun gut, man spürt das Wasser nicht auf der Haut. Aber wer will das schon, im späten Herbst. Es wäre zu dieser Jahreszeit viel zu kalt.

Die ersten Schritte sind noch etwas mühsam, doch bald haben sich die Beine an das Laufen im Wasser gewöhnt. Und mit jedem Schritt nach vorn geht es auch ein bisschen zurück: An sorglose Kindertage muss man plötzlich denken, wo jede Pfütze Quell großer Freude war und der Knirps überhaupt nicht daran dachte, dem Wasser auszuweichen. Unweigerlich macht man einen kleinen Sprung, landet mit den Füßen platschend im Wasser und mit dem Kopf selig in der Kindheit.

Der Strand zwischen Binz und Prora ist ideal für eine Wanderung mit Gummistiefeln. Unendlich scheint der Strand, der leicht zu begehen ist und oft so flach, dass man – je nach Gummistiefelhöhe – weit hineinlaufen kann. Was für eine Perspektive: Wenn man drinsteht, sieht das Meer ganz anders aus.

Zeitreise in Gummistiefeln: mit den Füßen im Wasser, mit dem Kopf in der Kindheit.

Fotos machen: mit mehr Meer, weniger Sand. Möwen watscheln an den Wellen entlang. Kinder lassen Drachen steigen.

In Prora verlässt man den Strand, um in den sanierten Blocks des früheren Nazibaus eine Pause einzulegen, etwa im Coffeeshop Strandläufer, wo man auf charmante Weise zum Konsum verführt wird: »Trink meer Tee« steht auf hübsch gestalteten Schachteln, »Unser Kuchen macht nicht dick, er formt bloß«, an der Kuchentheke.

Wer seinen Füßen auf dem Rückweg etwas Ablenkung bieten will, läuft über die Promenade, deren letztes Teilstück übrigens erst vor Kurzem gebaut wurde.

FAZIT: NATÜRLICH IST DER TRAUMSTRAND ZWISCHEN PRORA UND BINZ AUCH MIT ANDEREM ODER GANZ OHNE SCHUHWERK GUT ZU ERLAUFEN – DOCH MIT GUMMISTIEFELN IST ES EIN GANZ BESONDERES VERGNÜGEN.

Hin & Weg. Mit dem Zug oder Bus nach Binz, vom Bahnhof zur Seebrücke, von dort links den Strand runter.

Beste Zeit: Herbst oder Frühjahr.

Dauer & Strecke: Ca. 3–4 Std. und ca. 11 km zu Fuß.

Ausstattung: Gummistiefel.

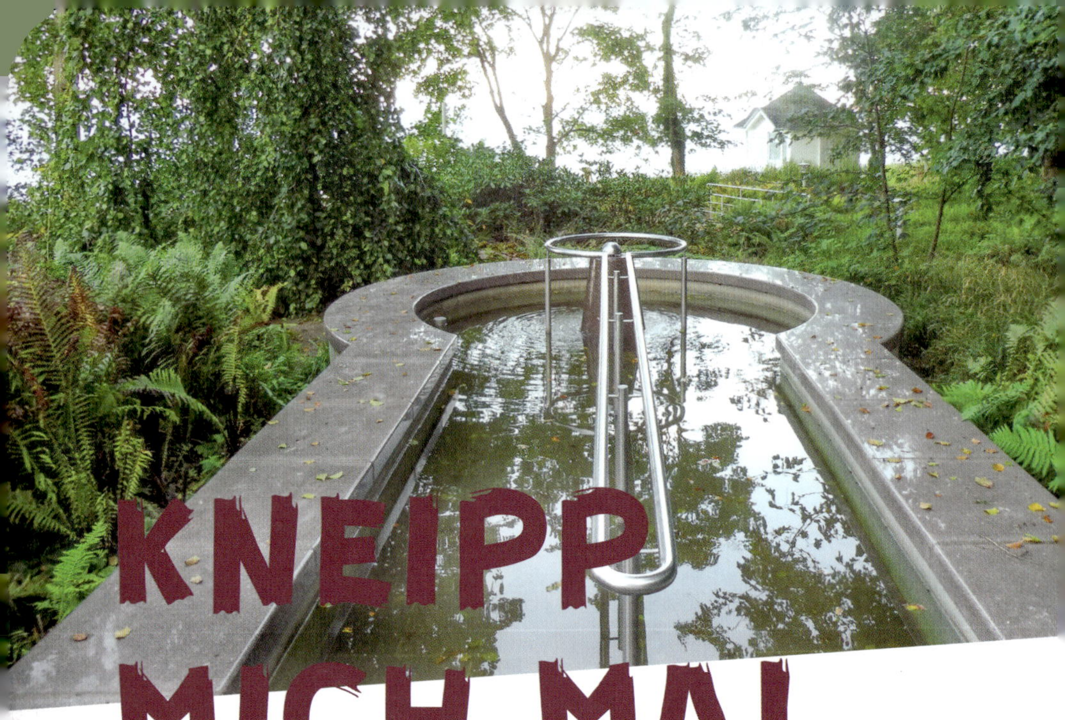

KNEIPP MICH MAL

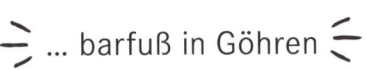

... barfuß in Göhren

#18

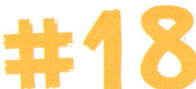

Im Sommer ist es eine leichte Übung: Schuhe aus und los, am Strand entlang, den warmen Sand unter den Füßen spüren, das Wasser umschmeichelt kühl die erhitzte Haut. Im Herbst ist Barfußgehen eine echte Herausforderung – und sorgt für eine ganz besondere Art von Bodenhaftung. Etwa bei dieser Kneipp-Tour mit Strandspaziergang.

#nichtsfürMemmen #Storchengang #tuteinfachgut #machtwach

Im Storchengang: Wassertreten nach Kneipp.

Kaum ist der Fuß im Wasser, stockt der Atem. Es ist kalt, sehr kalt. Also schnell bewegen. Schritt für Schritt, so wie Kneipp es riet: einen Fuß immer komplett aus dem Wasser heben. Und während die Beine den Storch imitieren, mimt die Haut munter die Weihnachtsgans – eine Reaktion des Körpers, die durchaus gewollt ist. So wie die Rötung. Die Durchblutung. Die Erweiterung der Gefäße.

Nach wenigen Schritten ist die Kälte kaum noch zu spüren und der Blick wandert nicht mehr neidisch über den Beckenrand zum Strand, wo Menschen mit warmen Boots den Sand platttreten. Es macht sogar Spaß, barfuß durchs Wasser zu schreiten. Eine Runde, dann kriecht die Kälte zurück in den Körper – Zeit, das Becken zu verlassen und das Wasser nach Kneippscher Manier vom Bein zu streifen. Ein Handtuch braucht es nicht. Der Storchengang im Becken ist eine der zahlreichen Wasseranwendungen von Sebastian Kneipp, der Ende des 19. Jahrhunderts eine ganze Heillehre um die Wirkung des kühlen Nass aufbaute. Das Armbad ist eine andere. Das schlichte Becken dafür steht nur wenige Meter vom Tretbassin entfernt. Also Ärmel hochgekrempelt und den Oberarm bis zur Mitte hineingetaucht. Seltsam leblos sieht der aus, kälteblass, vom Wasser bedeckt – und fühlt sich nach den empfohlenen 30, 40 Sekunden Baden gleich umso lebendiger an.

Und nicht nur der: Ein Kneippsches Armbad soll die Abwehrkräfte der oberen Atemwege stärken und – wie das vorangegangene Wassertreten – die Blutzirkulation fördern sowie den Stoffwechsel anregen. Überhaupt dürften die Wasseranwendungen à la Kneipp bei den verschiedensten Erkrankungen helfen. Bei Durchblutungsstörungen. Bei Erschöpfung. Bei Migräne. Bei Verdauungsproblemen. Bei Muskelverspannungen. Bei Rückenschmerzen. Und und und.

Nach dem Baden bleiben die Schuhe aus, denn Barfußgehen, so Herr Kneipp, sei ein »vortreffliches Mittel zur Kräftigung«. Ein Erlebnis für die Sinne ist es noch dazu. Also eine kleine Runde durch den Kneippgarten gedreht – die Turnschuhe baumeln an ihren Senkeln über der Schulter –, dann an den Strand. Im

Vergleich zum Kneippbecken fühlt sich die Ostsee an wie eine warme Badewanne. Der Sand unter den Füßen bringt Erinnerungen an den Sommer zurück. Und mit jedem Schritt ein bisschen mehr Bodenhaftung. Runterkommen, sich erden, auf das Einfache besinnen.

Laufen, so weit die baren Füße tragen: fünf Kilometer feiner Sandstrand bis Sellin. Auf dem Rückweg wird den Fußsohlen noch einmal einiges abverlangt. Über die groben Holzplanken der Seebrücke von Göhren werden sie geschickt. Über das Pflaster zum kleinen Kurpark mit seinen imposanten Laubengängen. Und schließlich über den feinen Kies des kleinen Labyrinths neben dem denkmalgeschützten Kurpavillon. Es ist die Königsklasse für Barfüßer – und jetzt, am Ende der Wanderung, eine leichte Übung.

Nach dem Kneippgarten geht es für die Füße munter weiter: Über den Strand werden sie geschickt, über die Seebrücke Göhren und weiter Richtung Sellin, vorbei an der Skulptur »Kaysa« des Künstlers Thomas Jastram – auch sie: barfuß.

FAZIT: DER KNEIPPGARTEN IN GÖHREN IST EINE KLEINE OASE HINTER DEN DÜNEN UND AUF JEDEN FALL EINEN BESUCH WERT. AM BESTEN NATÜRLICH BARFUSS – UND IN KOMBINATION MIT EINEM STRANDSPAZIERGANG.

Hin & Weg: In Göhren geht's vom Bahnhof in Richtung Seebrücke; der Kneippgarten ist ein Teil des Kurparks.

Beste Zeit: Herbst oder Frühjahr.

Dauer & Strecke: Je nach Länge des anschließenden Strandspaziergangs bis zu 4 Std. Max. 10 km zu Fuß.

Ausrüstung: Ein Handtuch für den Strand, etwas Musik zur Entspannung und als Snack etwas Gesundes (wegen Kneipp).

DIE STÖCKE SCHWINGEN

>‹ ... Nordic Walking von Vaschvitz nach Schaprode ›‹

#19

Feld plus Wiese plus Stöckchen plus Ente plus Stier plus Fischbrötchen – was ergibt das? Na klar, eine zackige Nordic-Walking-Tour durch den idyllischen Nordwesten Rügens. Mit einer entsprechenden Belohnung danach.

Nachdem man die Ruhe am Wasser genossen hat, kann, man im Fischerdorf Schaprode einkehren.

staltungen die Lichtstrahlen des Hiddenseer Leuchtturms über die Wasseroberfläche huschen. Traumhaft. Von Vaschvitz führt der Weg immer am Rassower Strom entlang, vorbei an Wasservögeln und einem Naturstrand. Bis zur Rassower Bucht mit ihrem herrlichen Blick auf Hiddensee und hinüber zum Dransker Bug, dessen Südspitze früher Militärgelände war und heute ein Naturschutzgebiet ist.

Am Ende des Weges am Rassower Strom durchzieht ein Plattenweg die Felder in Richtung Seehof, am westlichen Zipfel dieses Teils der Insel. Hier kann man auf dem Campingplatz an der Schwedenschanze eine Rast mit Meerblick einlegen. Oder man wendet sich gleich nach Süden bzw. nach Schaprode (ausgeschildert) und folgt einem weichen Wiesenweg. Der schlängelt sich zwischen dem schilfgesäumten Schaproder Bodden auf der Rechten und den Äckern und Feldern zur Linken.

Beschaulich ist es hier. So still, dass man nur das Gackern der Hühner und das Entengeschnatter hört. Zumindest wenn nicht gerade Saison ist. Aber wer würde denken, dass Vaschvitz schon so alt ist? 1250 wurde es erstmals urkundlich erwähnt, es gehörte damals zum Kloster Bergen.

Das Gutshaus atmet Geschichte. Eine wechselvolle allerdings. Ende des 18. Jahrhunderts wurde es gebaut, im klassizistischen Stil. Heute ist in einem ehemaligen Stallgebäude des Gutshofs eine Kunstscheune eingerichtet – ein stimmungsvoller Ort für Konzerte, Lesungen und Ausstellungen.

Das Besondere: Die Kunstscheune liegt direkt am Meer, und so sieht man bei Abendveran-

Hier wird der Fisch noch selbst gefangen und die Lokale im Hafen bieten ihn traditionell zubereitet an.

Am Zaun einer Kuhweide warnt ein Schild eindringlich vor einem »wilden Stier«. Doch der scheint zum Glück der Wanderer nicht immer da zu sein. Im Herbst zeigen sich dafür mit großer Wahrscheinlichkeit Kraniche, die hier auf den abgeernteten Feldern nach Nahrung suchen und mampfen, was das Zeug hält. Oft legen hier auch anmutige Wildgänse eine wohlverdiente Rast ein.

Wo wir gerade beim Thema sind: Wie wäre es mit einer Rast? Am idyllisch gelegenen Campingplatz von Schaprode zum Beispiel. Oder einen Zahn zulegen, am Strand entlang das kurze Stück bis zum Hafen gehen und gleich den Feierabend einläuten? Zum Beispiel in einem der Lokale – bei einem Fischbrötchen oder einem gebratenen Dorsch.

FAZIT: DER RUHIGE, EINSAM AM BODDEN GELEGENE WEG VERLÄUFT ÜBERWIEGEND FLACH UND EIGNET SICH DAHER BESONDERS FÜR NORDIC WALKING. ABER NATÜRLICH AUCH ZUM WANDERN, RADFAHREN ODER SPAZIERENGEHEN. EINFACH IDYLLISCH!

Hin & Weg: Mit dem Bus bis zur Haltestelle Abzweig Vaschvitz und ca. 1,5 km nach Vaschvitz laufen. Zurück mit dem Bus von Schaprode.

Beste Zeit: Frühjahr–Herbst. Mehr unter www.vaschvitz.de/kunstscheune

Dauer & Strecke: 2,5–3 Std. und 10 km zu Fuß.

Ausrüstung: Laufschuhe, Nordic-Walking-Stöcke und Proviant (in der Nebensaison gibt es keine Einkehrmöglichkeit vor Schaprode).

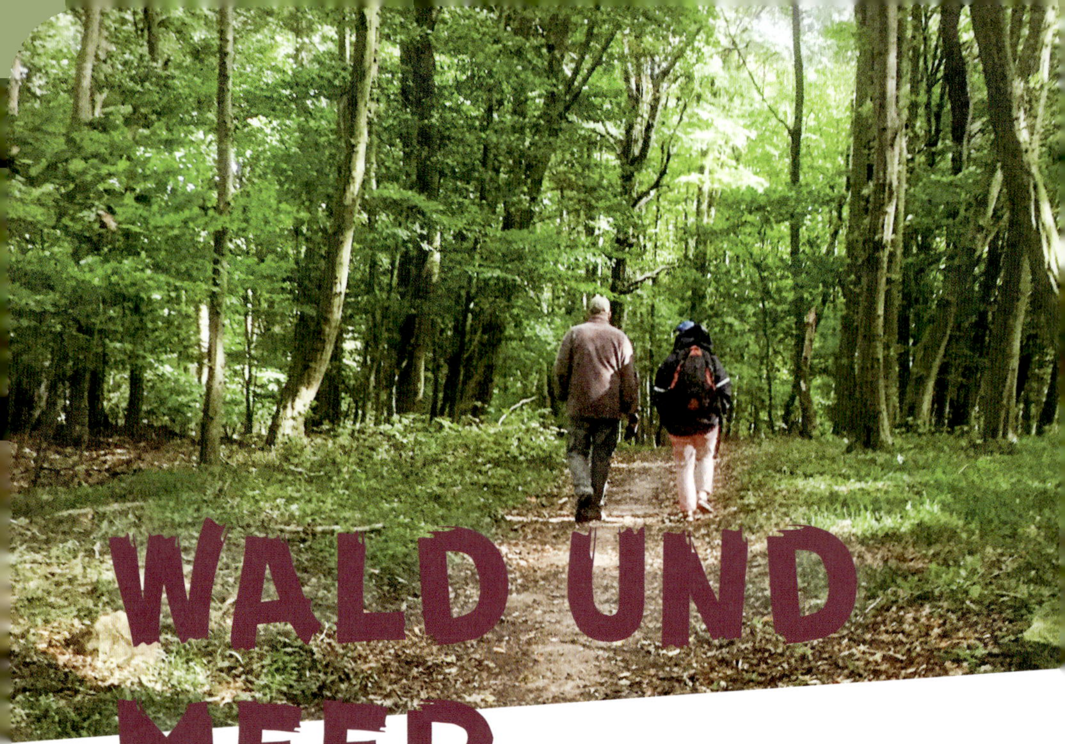

WALD UND MEER

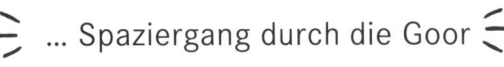

… Spaziergang durch die Goor

#20

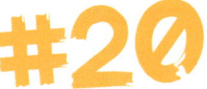

Ein bisschen Klassizismus, ein bisschen Wald, ein bisschen Strand. Wer ein bisschen von allem will, wird diesen Spaziergang lieben. Durch den Blättervorhang glitzert die Ostsee. Und von ein paar Lichtungen sieht man sogar die Insel Vilm oder das Mönchgut.

#unterRiesen #einbisschenvonallem #Naturpur #WosinddennjetztdieFüchse?

Wer mehr über die Goor erfahren will, kann an einer Ranger-Führung (links) teilnehmen. Hund und Herrchen genießen die Aussicht am Bodden.

Los geht's am Hafen Lauterbach, vorbei am Geschäft der Fischereigenossenschaft und den Bodden entlang zum Badehaus Goor. Zwei Marmorlöwen bewachen den Eingang zu diesem weißen Prachtbau mit seinem imposanten klassizistischen Säulengang.

Direkt dahinter beginnt die Goor. Einfach links am Badehaus vorbei – und schon ist da Wald. Oder weiter am Bodden entlang; auf dem schmalen Strandweg am Waldrand, der von Ästen überragt wird. Hier beginnt nicht nur das Naturschutzgebiet: Auch der »Wald-

pfad der Muße und Erkenntnis« nimmt hier seinen Anfang.

Auf kleinstem Raum spaziert der Besucher durch die Geschichte dieses Waldes - »Goor« heißt nämlich nichts anderes als »Wald«. Schon in einer schwedischen Karte vom Ende des 17. Jahrhunderts ist die Goor verzeichnet. Später wurden Douglasien aus Nordamerika und Lärchen hier angepflanzt, weil sie schnell wachsen. 2003 übernahm die Michael-Succow-Stiftung den Wald – und überließ ihn weitgehend sich selbst. Seither wird aus

dem Nadelwald so ganz allmählich wieder ein Laubmischwald. Wie ursprünglich, sagen Experten. Rotbuchen, Stieleichen, Hain- oder Weißbuchen, Espen – und ein paar Riesen mittendrin, knorrige Eichen mit schraubig verdrehten Ästen. Hudebäume nennt man sie, Zeugen einer Zeit, als der Wald noch als Viehweide genutzt wurde. Die berühmte Schirmeiche von Goor ist zwischen 500 und 600 Jahren alt, ihr Umfang erreicht fast sechs Meter! Kaum zu glauben, dass dieser Baumveteran seit drei Jahren tot sein soll, so aufrecht, wie er immer noch steht. Als kleiner Mensch wird man da ganz ehrfürchtig. Irgendwann wird der Sturm die alte Eiche umwerfen. Dann bleibt sie liegen, wie die anderen Baumriesen auch, und Pilze, Insekten, Bakterien können sich ans Werk machen. Und überhaupt: Die Tiere freuen sich. Verstecken sich in den vielen Ni-

schen im morschen Holz. Spechte schlagen sich die Bäuche voll mit den Larven, die sie im Holz finden. Wo früher Mammute, Wollnashörner und Rentiere umherstreiften, bis Jäger ihnen den Garaus machten, tummeln sich

Hin & Weg: Ab Lauterbach auf eigene Faust oder mit einer geführten Wanderung mit einem Ranger. Termine gibt's auf www.biosphaerenreservat-suedostruegen.de

Beste Zeit: Ganzjährig, aber besonders schön im Frühjahr, mit seinen Blütenteppichen, oder im Herbst, wenn die Blätter rot-braun leuchten.

Dauer: Ganz nach Lust und Laune (1,5–3 Std.). Rangerführung ca. 3 Std.

Ausrüstung: Laufschuhe. Proviant für eine Rast mit Blick auf den Bodden – Fisch(brötchen)-Fans können sich im Geschäft der Fischereigenossenschaft eindecken oder auf dem Räucherschiff Berta.

Das Räucherschiff Berta in den Hafen von Lauterbach (links). Direkt am Bodden liegt das Badehaus Goor (oben).

heute zwischen den Wasserlöchern, Sümpfen und Mooren Fledermäuse, Wildschweine, Füchse, Dachse und Marder. Dass auch der Mensch schon früh hier war, das erzählen die Hügelgräber aus der Steinzeit.

FAZIT: EGAL, WELCHEN WEG DURCH DIE GOOR MAN NIMMT: MUBE BIETET ER IN JEDEM FALL. UND AUCH ERKENNTNIS.

2. KAPITEL
AUSFLÜGE

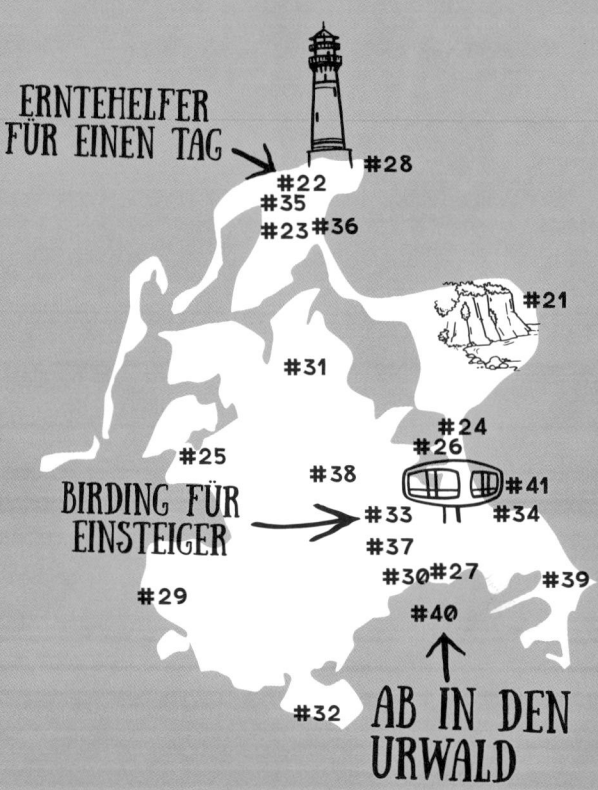

ERNTEHELFER
FÜR EINEN TAG

#28
#22
#35
#23 #36

#21

#31

#24
#26
#25
#38
#41
BIRDING FÜR
EINSTEIGER
#33
#34
#37
#30 #27
#39
#29
#40

#32
AB IN DEN
URWALD

Raus für einen Tag

*Hinaus ins Grüne, hinein in die schönsten
Ecken der Gegend. Ob Wandern, Radeln,
Reiten oder einfach die Natur genießen – für
jede Laune und jedes Wetter ist etwas dabei.*

12 H

BUCHEN BESUCHEN

⤜ ... auf dem Hochuferweg im Nationalpark Jasmund ⤛

#21

Wer zum Königsstuhl und zur Viktoriasicht fährt, kommt wegen der imposanten Kreidefelsen und der malerischen Ausblicke auf die Ostsee. Dabei gibt es hier noch eine weitere Attraktion: die schönen Baumriesen im größten Buchenwald an der Ostseeküste.

ben sich hier zudem Ahorn, Ulme und Esche angesiedelt. Verschiedene Bäche und Wasserrinnsale plätschern durch den Wald, mehr als 100 verzeichnet die Nationalpark-Info.

Da die Treppe zum Strand an der Viktoriasicht gesperrt ist und auch nicht wieder eröffnet wird, bietet ein Pfad am Kieler Bach die nächste Gelegenheit, zum Strand abzusteigen: einfach den Schildern folgen. Das rund zwölf Kilometer lange Steilufer von Jasmund besteht aus Schreibkreide (Kalk), die vor 67 Millionen Jahren aus Ablagerungen des Meeres entstand. Hier ist Vorsicht geboten: Die erodierenden Kräfte von Wind und Wasser bewirken immer wieder Abbrüche und Rutschungen. Sie sind Teil einer natürlichen Dynamik, die pro Jahr etwa 20 Zentimeter von der Küste abträgt. Nahe den Wissower Klinken, die im Jahr 2005 abbrachen, führt ein Weg zur ehemaligen Waldhalle, in dem heute das Unesco-Welterbeforum residiert.

Man scheint zum Zwerg zu schrumpfen zwischen den Stämmen dieser hohen, schlanken Bäume, die hier seit Jahrhunderten überdauern. Seit 2011 gehören die Alten Buchenwälder zum Unesco-Weltnaturerbe. Ohne Frage sind sie ein ganz besonderes Erlebnis und stehen den berühmten Kreidefelsen an Attraktivität in nichts nach. Zu den imposanten Baumriesen kommen die herrlichen Ausblicke während dieser Tour. Der Norden der Halbinsel Jasmund wird deshalb auch »Balkon von Rügen« genannt.

Los geht es an der Viktoriasicht, der Aussichtsplattform in der Kleinen Stubbenkammer. Auf und ab führt der Weg, bisweilen ziemlich steil sogar. Wanderstöcke tun hier gute Dienste. Vor etwa 800 Jahren eroberten die Buchen den Jasmund, wo sie heute den größten Buchenwald an der Ostseeküste bilden. Auf Lichtungen ha-

Es ist bundesweit das erste Zentrum, das in einer eigenen Ausstellung über die Buchenwälder informiert – und somit der ideale Zwischenstopp auf dieser Tour. Die Ausstellung führt mit liebevoll gestalteten Wandtafeln und kleinen Animationen in die Geheimnisse der Alten Buchenwälder ein. Und sie wirft einen Blick weit zurück in die Geschichte, als die Buchen die dominante Baumart in Europa waren. Eine kleine Stärkung im Café der Waldhalle, dann weiter nach Sassnitz, an der Piratenschlucht vorbei, wo es noch einen Abstieg zum Strand gibt. In Sassnitz lohnt sich ein Bummel durch den Hafen mit seinen zahlreichen Fischlokalen. Von hier fahren Schiffe zum Königsstuhl. Einsteigen – und die weißen Felsen mit den Wäldern aus einer ganz anderen Perspektive betrachten: Hier setzen die Buchen der Kreide quasi die Krone auf.

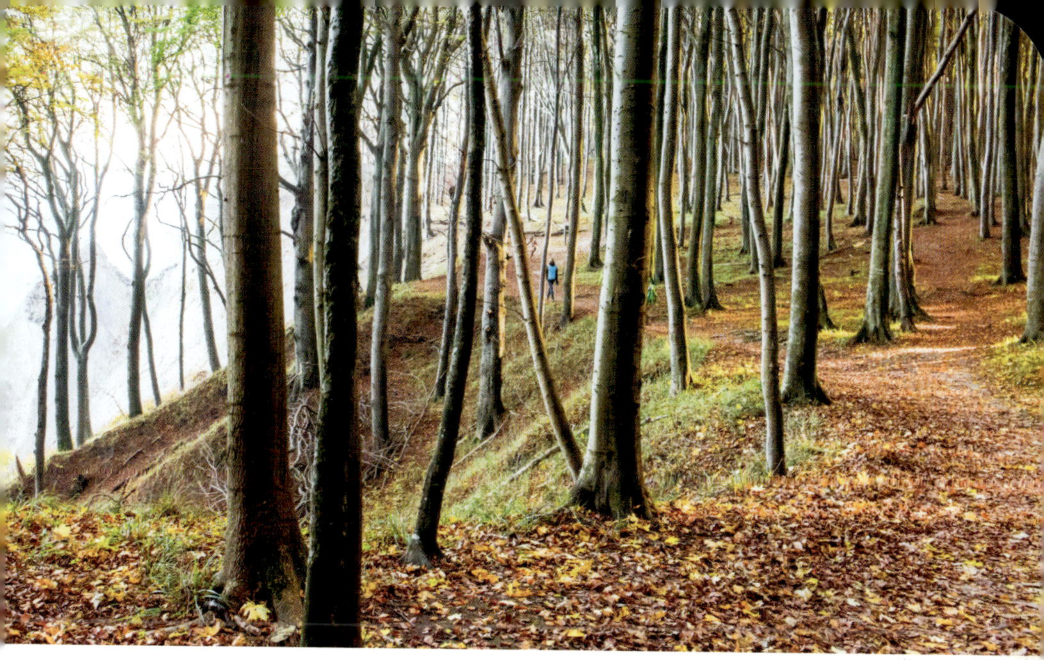

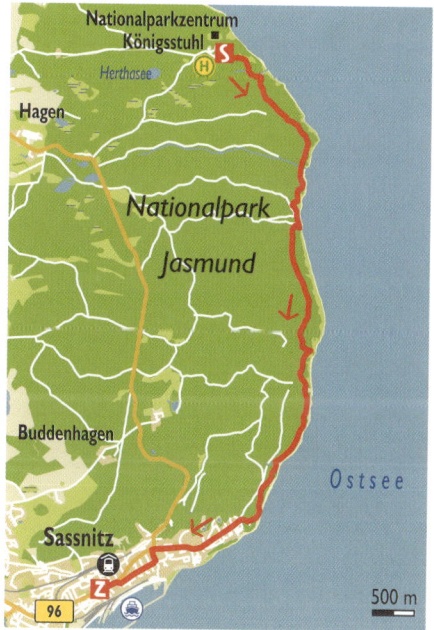

Die Ostsee immer im Blick - dazu ein alter Buchenwald, der sich im Laufe der kommenden Jahrzehnte in Richtung Urwald entwickelt. Nahe dem Königsstuhl (links) beginnt die Tour.

FAZIT: DIESE TOUR LENKT DEN BLICK AUF DIE BUCHEN – UND PLÖTZLICH SIEHT MAN DEN FÜR DIE KREIDEFELSEN BERÜHMTEN NATIONALPARK AUF DEM JASMUND MIT GANZ ANDEREN AUGEN!

Hin & Weg: Mit dem Bus bis zum Nationalpark-Zentrum Königsstuhl (Autos sind nicht zugelassen). Zurück mit dem Bus von Sassnitz.

Beste Zeit: Frühjahr–Herbst.

Dauer & Strecke: 3 Std. und 9,5 km zu Fuß.

Ausrüstung: Festes Schuhwerk, Proviant, ggf. Nordic-Walking-Stöcke.

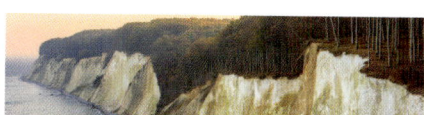

ICH WILL VITAMINE!

>⁻ ... auf einer Sanddornplantage am Kap Arkona ⁻<

#22

Der Sanddorn macht es dem Menschen nicht leicht. Er wehrt sich mit Dornen gegen die Ernte und seine Beeren sitzen so fest am Zweig, dass man sie nicht so einfach pflücken kann. Am Kap Arkona lernen Touristen als »Erntehelfer für einen Tag«, wie man dem Sanddorn zu Leibe rückt – und können dabei gesunde Vitamine naschen.

Meerblick mit Sanddorn: Am Kap Arkona gehören die wilden Sanddornbüsche in die Landschaft wie Leuchttürme und Steilküste.

Man kann wegen der hübschen Leuchttürme nach Kap Arkona kommen. Man kann sich aber auch vom Sanddorn locken lassen. Denn nirgends leuchten die orangefarbenen Beeren so schön vor dem tiefen Blau des Meeres wie hier an der Steilküste, stehen die baumgleichen Büsche so fotogen vor imposanten Leuchtfeuern. Und wo die Kamera bereits im Anschlag ist: Schon mal ein Sanddorn-Selfie gemacht? Drei, vier reife Beeren in den Mund, draufkauen und abdrücken. Sauer macht lustige Fotos.

Und nicht nur das: Die paar winzigen Beeren decken direkt den Vitamin-C-Bedarf des gesamten Tages. Kaum eine andere Frucht hat so viel Vitamin C wie Sanddorn. Schon Dschingis Khan und seine Männer sollen auf ihren Eroberungen jeweils ein Fläschchen Sanddornöl mit sich geführt haben – zur Stärkung der Immunkräfte, als Heilmittel bei Wunden und Verdauungsproblemen.

Bei so viel geballter Heilkraft möchte man sich am liebsten gleich die Taschen mit den kleinen Vitaminbomben füllen. Doch leider ist das Ernten wilden Sanddorns in der Regel verboten und ohne Utensilien (Gartenschere, Handschuhe und große Plastiktasche für die stacheligen Zweige) sowieso nicht zu bewerkstelligen.

Aber zum Glück gibt es die Sanddornplantage von Ernst und Christa Heinemann. Hier können Touristen nicht nur einige Sanddornzweige für den Eigenbedarf abschneiden – gegen einen Obolus, von dem die Hälfte für gute Zwecke gespendet wird –, sondern erfahren im Laufe eines Tages, wie die Beere geerntet und verarbeitet wird. Das kostet nichts als die eigene Arbeitskraft, Vollverpflegung inklusive. Um 10 Uhr versammeln sich die Erntehelfer auf dem Rügenhof im Sanddornzentrum bei Ernst Heinemann – Sanddornbauer, Büchersammler und Rügener Original mit Schippermütze.

Wenn er seine Gäste nicht direkt auf seine dreieinhalb Hektar große Plantage zwischen Putgarten und Vitt mitnimmt, führt er sie in den hinteren Raum des Backsteinbaus, wo sie auf urgemütlichen Omasofas lernen, wie man Sanddorn putzt.

Da die Beeren bei Berührung schnell platzen und Dornen sie schützen, werden sie mit dem gesamten Zweig geerntet. Danach müssen Dornen und Blätter mit der Gartenschere abgeschnitten werden. Denn käme das Blattwerk mit in die Presse, würde der Saft bitter und muffig schmecken. Sind die Zweige von Laub und Dornen befreit, kommen sie in den Tiefkühlschrank, denn in gefrorenem Zustand lassen sich die Beeren leicht von den Zweigen abschlagen, die hartnäckigen abpflücken. Der Rest ist simpel: Die Beeren werden ausgedrückt, der Saft wird gesiebt und abgefüllt. Was vom Quetschen übrig bleibt, trocknet im Ofen stundenlang zu Tee aus.

Am Ende des Tages gibt es noch eine Tasse warmen Sanddornsaft, leicht gesüßt, im schönsten Orange. Ein Geschmackserlebnis: frisch, säuerlich, köstlich. Noch schnell ein Sanddorn-Selfie: Genießerpose jetzt, statt saurer Miene.

FAZIT: WER KANN SCHON BEHAUPTEN, SICH SEINEN SANDDORNSAFT SELBST HERGESTELLT ZU HABEN? EINE TOUR FÜR DIE GANZE FAMILIE, SO LEHRREICH WIE LECKER.

Hin & Weg: Bis Putgarten mit dem Bus, von dort zu Fuß weiter. Nach einer Rundwanderung um das Kap geht's zum Rügenhof.

Beste Zeit: Als Erntehelfer ab September bis Anfang Dezember, Treff jeweils montags, mittwochs, freitags 10 Uhr im Sanddornzentrum auf dem Rügenhof. Führungen gibt es jeweils mittwochs und freitags 13 Uhr.

Dauer & Strecke: Der Erntehelfer-Workshop dauert ca. 6 Std. Die kleine Rundwanderung am Kap Arkona (ca. 6 km) dauert etwa 1,5 Stunden.

Ausrüstung: Kamera, gutes Schuhwerk. Arbeitsutensilien werden auf dem Hof gestellt.

ACHTSAMKEIT ÜBEN

 ... bei einer meditativen Wanderung auf der Schaabe

#23

Die Schaabe ist ideal für eine meditative Wanderung. Denn auf der gut zwölf Kilometer langen Nehrung lenkt außerhalb der Hauptsaison nichts ab: kein Kiosk, keine Bebauung, kaum Wanderer. Und auch auf Karten, Navis und Schilder muss keiner achten. Denn es geht eigentlich immer nur geradeaus.

#ichundich #dieSinneschärfen #nichtslenktab #aufderSuchenachmir

Juliusruh hat nicht nur die Stille im Namen, am Strand üben sich sogar die Strandkörbe in Harmonie und Ausgeglichenheit. »Yin« steht in großen Buchstaben auf dem einen geschrieben, »Yang« auf dem daneben. Wenn das mal kein guter Ausgangspunkt ist für eine Wanderung mit Blick auf die Natur wie auf das eigene Innere. Eine Wanderung am Meer entlang, durch den Wald – und zu sich selbst.

Es geht die Schaabe entlang, die etwa zwölf Kilometer lange und bis zu zwei Kilometer breite Nehrung zwischen den Halbinseln Jasmund und Wittow, die von oben betrachtet ein

bisschen ausschaut wie das Oberteil eines überdimensionalen Bikinis. Das passt auch: Im Sommer lässt man hier die Textilien nämlich gern im Sand liegen oder packt sie gar nicht erst ein. FKK ist weit verbreitet und gehört hier auch hin. Denn auf der Schaabe darf Natur noch Natur sein, auch die einst vom Meer geformte Nehrung ist nicht verbaut. Lediglich eine Straße gibt es, einen Fahrradweg und eine Försterei. Sonst nichts. Keinen Kiosk, keine Strandbar, kein Hotel.

Nichts also, was den meditativen Wanderer jenseits der Hauptsaison ablenken könnte.

Und auch auf Wanderkarten, Navis und Schilder muss er nicht achten. Denn es geht eigentlich immer nur geradeaus. Die eine Strecke am Strand entlang, mit Blick auf Kap Arkona zur Linken und der Halbinsel Jasmund zur Rechten. Die andere durch den Wald am Bodden, Breege auf der einen, Glowe auf der anderen Seite. Mit welcher Strecke man beginnt, macht man am besten vom Wind abhängig, der am Strand nicht von vorn kommen sollte.

Doch wie wandert man meditativ? Am besten schweigend – und allein. Auf die eigene Atmung achten und in den eigenen Laufrhythmus gelangen. Dann die Aufmerksamkeit auf den eigenen Körper richten (welche Muskeln werden beansprucht, wie verhalten sich die Gelenke, wie treten die Füße auf?).

Zwischendurch immer wieder die Umgebung bewusst wahrnehmen. Die Spuren der Möwen im Sand. Den Strandhafer auf der Düne. Den weichen Waldboden unter den Füßen, der bei jedem Schritt leicht nachgibt. Die Pilze am Baumstamm. Wie heißen die gleich noch mal?

Dann den Augen eine Pause gönnen und sich dem Geruchssinn zuwenden. Wie riecht es am Meer? Wie ist die Luft im Nadelwald? Ist der Duft der Kiefern nicht betörend? Dabei bewusst auf die Atmung achten, der Luft nachfühlen, wie sie von der Nase in die Lungen strömt, dabei bis zum Zwerchfell atmen. Den Rhythmus des Atmens mit dem des Laufens verbinden. Still werden. Abschweifende Gedanken wegschieben. Bewusstheit üben. Aufmerksam sein. Im Augenblick verweilen. Ganz bei sich sein. Stundenlang.

Meditativ wandern heißt auch, die Umgebung bewusst wahrnehmen – das kleine Holzkreuz im Sand zum Beispiel, der Strandhafer auf der Düne.

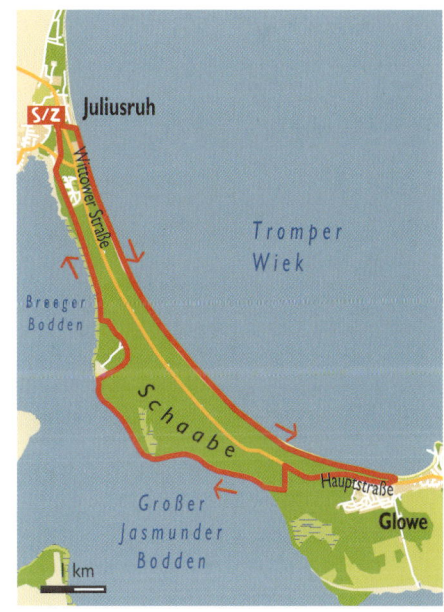

Hin & Weg: Los geht's in Juliusruh, entweder am Strand oder auf der Boddenseite, bis Glowe, dann zurück.

Beste Zeit: Vor oder nach der Hauptsaison, wenn keine Badegäste am Strand liegen.

Dauer & Strecke: Ca. 7–8 Std. und etwa 25 km zu Fuß.

Ausrüstung: Gutes Schuhwerk, Getränke und Snacks (auf der Schaabe gibt es keine Einkaufsmöglichkeiten).

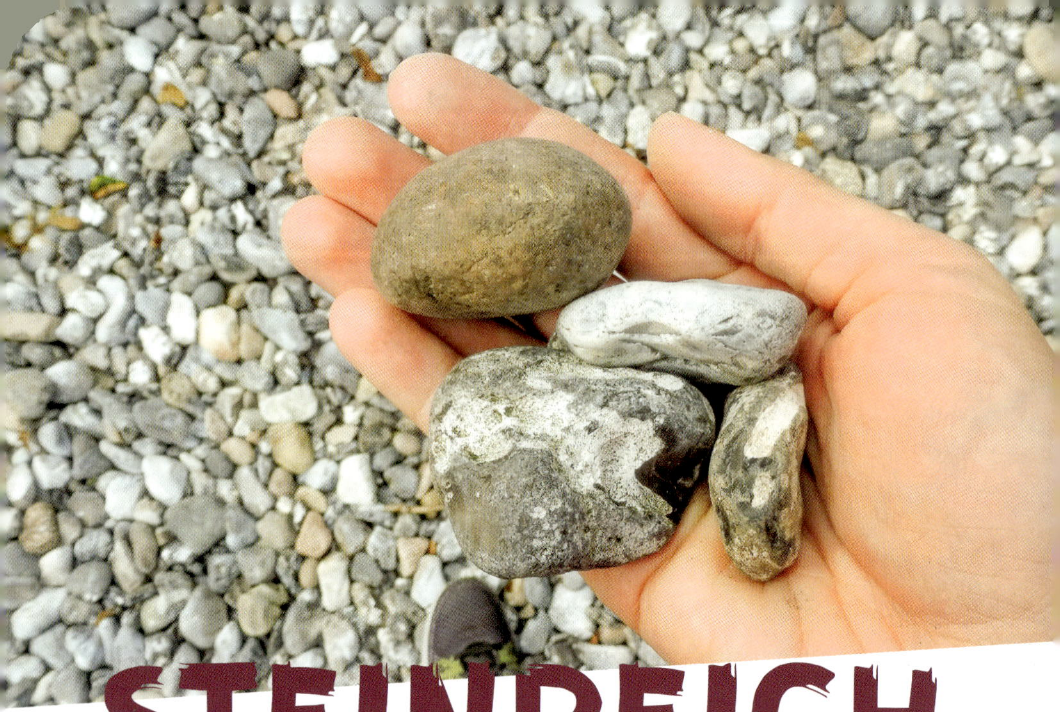

STEINREICH

... am Strand von Mukran und Sassnitz

#24

Donnerkeile, Hühnergötter, versteinerte Seeigel: Rügen ist ein Paradies für Sammler von Steinen und Fossilien. Diese Tour führt an ganz besonders steinreiche Orte. Und zeigt, wie man am Ende des Tages aus einem Fundstück ein farbenfrohes Souvenir gestaltet – und dabei selbst sogar noch entspannt.

#Briefbeschwerer&Türstopper #jahrtausendealt #Sammellust

Ein Meer aus Steinen – auf den Feuersteinfeldern bei Mukran.

Was für ein Anblick: Als hätte jemand das gesamte Geröll vom Strand in den Wald gekippt. Steine, überall Steine. Dazwischen ragen vereinzelt ein paar Büsche heraus, sprießt Heidekraut hervor. Feuerstein ist es, der sich hier zwischen Prora und Mukran vor 3500 bis 4000 Jahren durch heftige Sturmfluten in Massen aufwerfen ließ und heute auf einer Fläche von rund 40 Hektar diese bizarren Felder formt. Eine geologische Besonderheit, die man sehen muss. Und spüren.

Bei jedem Schritt verschiebt sich der Grund, Steine drücken durch die Sohle. Mühsam gestaltet sich das Gehen auf der etwa einen Meter dicken Schicht aus Geröll. Am besten hockt man sich hin, betrachtet die verschiedenen Formen und entwickelt etwas Ehrfurcht vor dem Alter: Gut 67 Millionen Jahre sind die Feuersteine alt. Sie waren die ersten Werkzeuge des Menschen, das erste Besteck, das erste »Feuerzeug«.

Eine Weile lässt man das »Steinerne Meer« wirken, lässt den Blick über das Geröll schweifen. Dann geht es weiter mit dem Rad nach Sassnitz, Richtung Kreideküste, der Mutter sämtlicher Strandgerölle. Hier am Strand liegt das Paradies für Steinesammler. Denn hier werden Steine und Fossilien regelmäßig aus

der Schreibkreide herausgewaschen. Donnerkeile (versteinerte Tintenfischschwänze) und Hühnergötter (Feuersteine mit Loch) sind hier noch die leichtere Übung. Mit etwas Glück findet man sogar versteinerte Seeigel oder einen Klapperstein (ein Kieselschwamm, der in einer runden Feuersteinhülle eingeschlossen ist). Aber auch glatte Handschmeichler und besonders aufregend geformte Feuersteine wandern in die Taschen, die schnell sehr schwer werden.

Am Ende der Tour werden die Fundstücke sortiert. Welcher Stein darf als Souvenir mit nach Hause, wird künftig als Briefbeschwerer oder Türstopper Erinnerungen an den Urlaub wecken? Aber vor allem: Welchem Stein wird eine Sonderbehandlung mit Pinsel und Farben zuteil? Dafür einen besonders glatten und runden wählen und Inspirationen aus dem Internet suchen. Mandalas – die kreisrunden und farbenfrohen Meditationsbilder – lassen sich sehr einfach mit der Technik der Punktmalerei auf Steine tupfen. Und das Beste: Sie entfalten ihre beruhigende Wirkung bereits, während sie entstehen. Und so geht's: In der Mitte des Steins beginnen und einen ersten Punkt als eine Art Anker tupfen. Wer sich noch nicht an Pinsel traut, nimmt einen Zahnstocher, ein Wattestäbchen oder eine Stecknadel. Dann von innen nach außen arbeiten. Punkt für Punkt. Mit verschiedenen Farben. In unterschiedlichen Mustern.

Am besten nicht ablenken lassen und lästige Gedanken beiseiteschieben. Einen Punkt machen – unter alles, was an den Alltag und seine Sorgen erinnert. Und noch einen. Und noch einen.

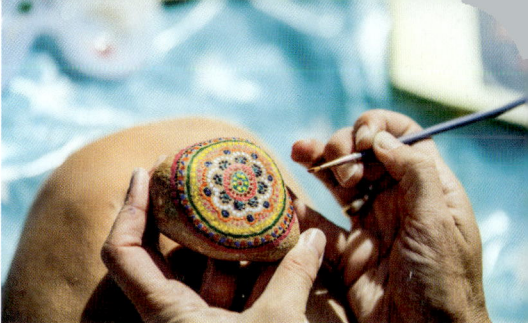

Souvenirs, Souvenirs: Wer am Strand von Sassnitz keinen Hühnergott findet, kann sich auch einen kaufen. Den hübschen Handschmeichler zum Verzieren findet hingegen jeder.

FAZIT: DIE TOUR KANN MAN AUCH SEHR GUT BEI FEUCHTEM WETTER MACHEN, DENN DANN LASSEN SICH DIE SCHÄTZE AUS DER VERGANGENHEIT LEICHTER IM SAND ENTDECKEN.

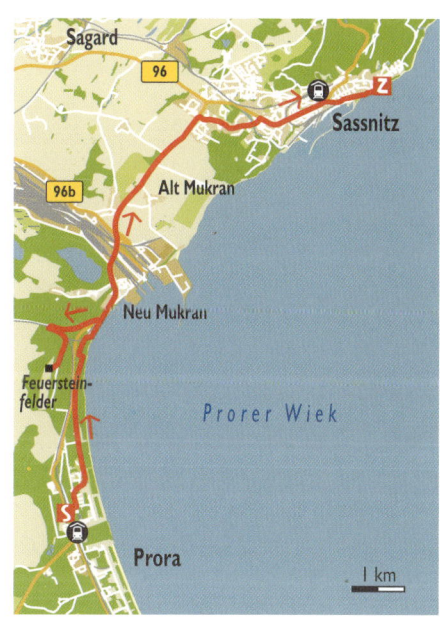

Hin & Weg: Ab Prora Bahnhof mit dem Rad zu den Feuersteinfeldern, von dort weiter nach Sassnitz.

Beste Zeit: Im Frühjahr steigt das Sammlerglück. Am Strand in Binz werden regelmäßig Mandala-Malworkshops veranstaltet (kostenlos, Termine gibt's im Haus des Gastes).

Dauer & Strecke: 6–8 Std. Radtour ca. 15 km, Strandwanderung in Sassnitz ca. 3 km.

Ausrüstung: Festes Schuhwerk, Tasche für die Steine, Acrylfarben, »Tupfer« (zum Beispiel Zahnstocher, Wattestäbchen oder Stecknadeln), Smartphone für Inspirationen aus dem Internet.

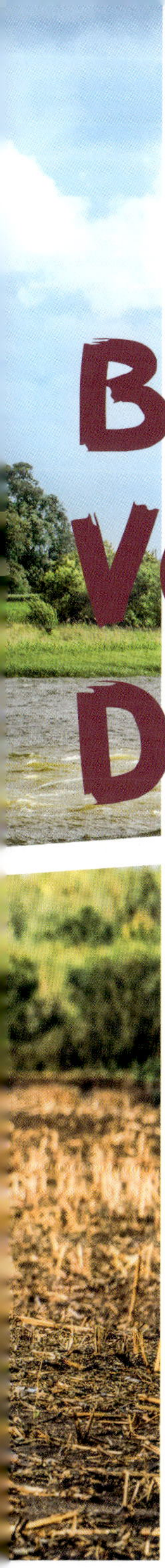

BEI DEN VÖGELN DES GLÜCKS

… auf Ummanz

#25

Die Rügen-Bock-Region im Nationalpark Vorpommersche Boddenlandschaft ist einer der bedeutendsten Kranichrast- plätze Europas: Bis zu 70 000 Kraniche legen hier auf dem Weg in den Süden ihre Futterpause ein. Auf der Insel Ummanz kann man sie besonders gut beobachten. Also Fernglas eingepackt und los!

#krrukrarr #Safarifeeling #denganzenTagmampfen #endlesslove

Die imposanten Vögel sieht man tagsüber auf Feldern und Wiesen oder abends beim Anflug auf ihre Schlafplätze. Im Nationalparkamt (rechts) erfährt man Wissenswertes über die Pflanzen und Tiere der Region.

Es sind Hunderte, wenn nicht Tausende! Wer vermag die Kraniche zu zählen, die jetzt hier in der Abenddämmerung im flachen Wasser der Udarser Wiek vor der Insel Ummanz zu ihren Schlafplätzen einfliegen – und dabei ordentlich Krach machen. »Krru-krarr« – das unvergleichliche Trompeten der majestätischen Großvögel. Unweigerlich stockt einem der Atem: Was für ein Naturschauspiel!

Beizeiten sollte man die Beobachtungsplattform in Tankow erklimmen, um ihren abendlichen Einzug ja nicht zu verpassen. Und wer will sich den »Vögeln der Weisheit« schon unwissend nähern? In der kleinen Ausstellung im Naturparkzentrum in Waase, wo diese Tour begann, gibt es die Gelegenheit, sich das ein oder andere Wissenswerte einzuverleiben.

So erfährt man, dass die Kraniche auf ihrem Flug in wärmere Gefilde eine Strecke von 4000 bis 12 000 Kilometer zurücklegen, und zwar bei einer Reisegeschwindigkeit von 45 bis 60 Kilometern pro Stunde und einer Flughöhe von 50 bis 2000 Metern. Kein Wunder, dass sie reichlich Reserven brauchen. 200 bis 300 Gramm müssen sich die Kraniche täglich anfuttern. In den Schnabel wandert dabei so ziemlich alles, was irgendwie essbar ist: Schnecken, Frösche, Insekten, Eicheln, vor allem aber Mais und Gerste. Die abgeernteten Felder der Region sind die Kantine der Kraniche.

Den ganzen Tag haben die Tiere damit verbracht, sich den Bauch vollzuschlagen. Jetzt schweben sie ein, einer nach dem anderen. Scheinbar schwerelos gleiten sie durch die

Luft, um sich dann im Wasser, das ihnen Schutz bietet vor Füchsen und anderen Feinden, auf ihren langen Beinen sicher aufzustellen. Es ist die Kombination aus Leichtigkeit und festem Stand, gepaart mit der ganzen Schönheit dieser Kreatur, die die Menschen seit jeher fasziniert. Und die es nahelegt, dass diese Tiere mit allerlei Symbolik aufgeladen werden. Für Wachsamkeit und Weisheit steht der Kranich. »Vogel des Glücks« wird er genannt, weil er im Frühjahr das Ende der dunklen, kalten Zeit einläutet. Für Christen symbolisiert er Treue und Liebe. Denn Kraniche leben in Dauerehe – ein bis zwei Jahre vor dem Nestbau finden sich Männchen und Weibchen und bleiben dann ein Leben lang zusammen. Im Frühjahr lässt sich mit ein bisschen Glück der Kranichtanz beobachten, die Balzshow, deren Choreografie neben Zickzackläufen und Im-Kreis-Rennen übrigens auch Steineschleudern beinhaltet.

Fliegen immer noch Kraniche ein? Das Nationalparkamt rät, den Beobachtungsort erst dann wieder zu verlassen, wenn wirklich alle Kraniche eingetroffen sind. Sonst würden die Tiere, die vor der Nachtruhe noch schnell einen Snack brauchen, gestört und durch die Aufregung unnötig Kalorien verbrennen. Also abwarten - man kann sich vom Anblick der grazilen Kraniche ohnehin nur schwer lösen.

Hin & Weg: Mit dem Bus bis Waase, Ummanz. Von dort zu Fuß zur Beobachtungsplattform in Tankow.

Beste Zeit: Herbst (September – Ende Oktober) oder Frühjahr (März, April). Das Nationalparkamt bietet Kranich-Führungen an (inklusive einem kleinen Imbiss aus regionalen Produkten).

Dauer & Strecke: Etwa 5 Std. Knapp 8 km zu Fuß.

Ausrüstung: Laufschuhe, Fernglas.

FAZIT: WER ZUR ZEIT DER KRANICHRAST AUF RÜGEN IST, SOLLTE SICH DIESES NATURSCHAUSPIEL AUF KEINEN FALL ENTGEHEN LASSEN – SAFARI-FEELING AN DER OSTSEE.

GUCKEN UND GRUSELN

⋛ ... an drei ziemlich unheimlichen Orten ⋚

#26

Wer auf Rügen das Fürchten lernen will, muss nicht lange suchen: In Prora sorgt ein gigantischer Nazi-Bau für Gänsehaut, in Lietzow winden sich Buchen im Wald wie unter Schmerzen, in Sassnitz liegen die Ruinen eines Schlosses neben einer verlassenen Kaserne. Eine Tour an drei ziemlich unheimliche Orte, zu Fuß und per Bahn.

Einsamer Stuhl auf unwirtlichem
Beton – Promenade von Prora.

An den Strand flüchten bringt nichts. Es gibt
kein Entkommen vor dem »Monster am Meer«,
dem gigantischen Nazi-Bau, der sich viereinhalb Kilometer an der Küste von Prora erstreckt. Zum Meer hin verfällt eine gigantische
Hafenterrasse, Wellen schlagen krachend dagegen, als würden sie versuchen, was offenbar
unmöglich ist: den Bau der Nazis zu zerstören.

Die DDR hat es ebenfalls nicht geschafft und
deshalb zog die Nationale Volksarmee in den
»Kraft durch Freude«-Bau ein. Jetzt wird er
saniert. Hotels und Ferienwohnungen entstehen, Coffeeshops ziehen in die Quergebäude.
Wie ursprünglich von Hitler geplant, wird der
Bau nun zum Ferienort – allein die Geschichte
ist zum Gruseln.

Geballtes Gruselpotenzial: die verfallenen Ruinen des früheren Marstalls von Schloss Dwasieden (oben), der Hexenwald in Lietzow (unten).

tern. Spürbares Aufatmen, wenn das »Gebaute Böse« (wie Star-Architekt Daniel Libeskind es nennt) endlich hinter einem liegt.

Der Grusel am nächsten Ort, eine Stunde Fußmarsch durch den Wald entfernt, ist von einer ganz anderen Art. Wie ein mittelalterliches Verlies für unartige Prinzessinnen wirkt der kleine Turm im Waldpark in Lietzow, der bis in die 1950er-Jahre als Wasserturm diente. Heute ist er vor allem eines: Ein würdiger Portier für den Hexenwald, der wenige Meter weiter seinen Zauber entfaltet. In bizarren Verrenkungen schrauben sich die Stämme und Äste der Bäume in die Luft. Als würden sie sich vor Schmerz krümmen. Aber vielleicht tanzen sie auch einfach nur, wild und frei, bar jeder Dramaturgie? Kaum zu glauben, dass die unheimlichen Formen dieser sogenannten Süntelbuchen nicht dem Märchen entspringen, sondern einer Mutation. Wie angewurzelt steht man da, während kleine Schauer über den Rücken jagen.

Mit dem Zug geht es zum nächsten Ort, den Ruinen von Dwasieden bei Sassnitz. Ehemalige Baracken, bis Anfang der 1990er von Militärs genutzt, liegen tief im Dickicht. Wie leere

Der monströse Bau in den unterschiedlichsten Stadien der Sanierung ist es erst recht. Wer den Block von Süd nach Nord erwandert, kann sie alle erleben.

Es ist ein Weg zurück in die Geschichte: Von der Zukunft – dem Ferienglück im Plattenbau-Charme – bis zur tiefsten dunklen Vergangenheit, den morbiden Ruinen am nördlichsten Ende. Dazwischen sämtliche Phasen des Übergangs, flankiert von Baggern und Las-

Hin & Weg: Von Prora-Ost führt die Wanderung nach Lietzow; dort den Schildern zum Waldpark / Krüppelbuchen folgen. Später von Lietzow mit dem Zug nach Sassnitz. Dort dann zum Hafen laufen, rechter Hand in die Hafenstraße abbiegen, die bald in die Straße der Jugend übergeht. Eine Holzbrücke auf der linken Seite führt nach Dwasieden.

Beste Zeit: Oktober / November.

Dauer & Strecke: 6–8 Std. Etwa 10 km zu Fuß, 10 km mit dem Zug.

Ausrüstung: Kamera, Taschenlampe (zum Hineinleuchten in die Ruinen von außen, das Betreten der Ruinen ist gefährlich!).

Die Natur spielt mit: Junge Buchen umstellen die verlassene Kaserne in Dwasieden, Efeu umrankt den Gruselturm in Lietzow.

Augenhöhlen glotzen ihre Öffnungen. Junge Buchen umstehen die Gebäudegerippe, wie Gitterstäbe eines Gefängnisses wirken ihre dünnen Stämme.

Plötzlich, zwischen all den leeren Betonhülsen des letzten Jahrhunderts: eine neoklassizistische Fassade – aber nichts dahinter. Es war der Marstall von Schloss Dwasieden, einst einer der schönsten Sommersitze auf Rügen. Reste davon liegen wenige Schritte weiter versprengt im Wald. Leichenteile eines Schlosses. Ein Knacksen von irgendwo. Der Puls geht schneller ...

FAZIT: TOUR MIT GRUSELFAKTOR, AM UNHEIMLICHSTEN IM HERBST. SELBST WENN PRORA BALD KEINE RUINE MEHR SEIN SOLLTE – UNHEIMLICH WIRD DER GEBÄUDEKOLOSS MIT SEINER GESCHICHTE IMMER BLEIBEN.

CARPE DIEM!

⫸ ... durch den Süden und Osten Rügens ⫷

#27

Drei mal drei: An einem Tag drei Regionen entdecken, drei Ostseebäder erlaufen – und dabei drei verschiedene Arten der Fortbewegung nutzen. Keine Sorge, das klingt sehr viel anstrengender, als es ist. Auf geht's in die Granitz, nach Mönch-gut und in den Süden Rügens – carpe diem, nutze den Tag!

Ganz entspannt geht es los: Viertel nach neun gleitet die MS Sundevit gemächlich aus dem Hafen von Lauterbach, um sich dann mit acht Knoten durch den Greifswalder Bodden zu schieben. Am Horizont zur Rechten: das Festland mit der Hansestadt Greifswald. Backbord die streng geschützte Insel Vilm mit ihrem herrlichen Naturwald.

Das Schiff umrundet die Südspitze der Insel und gibt den Blick auf das Waldgebiet der Granitz frei. Aus ihm ragt unübersehbar die Turmspitze des gleichnamigen Jagdschlosses – Landmarke und Wahrzeichen von Rügen. In die Having-Bucht hinein, mit der Landzunge Reddevitzer Höft zur Rechten, passiert man Moritzdorf und Dutzenden weiß leuchtender Schwäne vorbei bis zum Bollwerk Baabe, wo die Schifffahrt nach gut einer Stunde endet. Von dort geht's nun zu Fuß an hübschen Reet-

dachhäusern vorbei etwa zweieinhalb Kilometer nach Baabe. Das Tor zum Mönchgut ist ein Seebad mit fast dörflichem Charme. Wer durch den alten Ortskern spaziert, kann das Zuckerhuthaus aus dem 17. Jahrhundert bewundern, das komplett mit Efeu überwachsen ist. Dann ab zum Bahnhof: Der Rasende Roland, eine historische Dampflok, chauffiert in den Nachbarort Sellin, das zweitgrößte Ostseebad der Insel. Nur vier Minuten dauert die Fahrt, doch keine Sorge: Am Ende des Tages wird mehr Zeit sein für diesen nostalgischen Zug.

In Sellin heißt es, die Wilhelmstraße mit ihrer prächtigen Bäderarchitektur entlanglaufen, bis sie sich am Ende zum Meer hin öffnet und man den Blick auf die berühmte Seebrücke genießen kann. Der Wanderer sollte die Gelegenheit nutzen und sich hier stärken, ehe es sieben Kilometer über den Hochuferweg

Mit dem Schiff geht's durch den Rügischen Bodden, mit der historischen Schmalspurbahn durch die Granitz. Stopps in Sellin (links) und Binz (rechts) inklusive.

durch die Granitz nach Binz geht, mit herrlichen Ausblicken auf den Strand und die See. In Binz am besten vom Naturstrand direkt die Strandstraße hochlaufen und den weißen Villen des mondänen Badeortes die Ehre erweisen. Am Strandzugang 6 links in die Dünen abbiegen und die berühmte 1968 erbaute Rettungsstation bewundern, die an ein Ufo erinnert und heute als Standesamt genutzt wird. Ein paar Schritte am Strand entlang geht's bis zur Seebrücke, dann die Hauptstraße mit ihrer prächtigen Bäderarchitektur entlang und am Ende links Richtung Kleinbahnhof Binz. Schon von Weitem ist das Schnaufen der Dampflok zu hören, man riecht und sieht die Rauchwolken. Beeilung: Auf die Minute genau pfeift der Schaffner den Zug ab, ganz wie in alten Zeiten, und hebt die Kelle als Startsignal für den Lokführer hoch. Mit nicht einmal Tempo 30 rattert die historische Schmalspurbahn zwischen Feldern, Wiesen und Wäldern hindurch, an kleinen Dörfern und mondänen Badeorten, Pferden und Schafen vorbei. Bis Putbus braucht die Bahn eine halbe Stunde, bis Lauterbach 40 Minuten. Genug Zeit also, die Füße hochzulegen.

Hin & Weg: Bis Lauterbach mit Bus oder Bahn. Ab dann weiter mit der kombinierten Tour Wasser und Dampf (Fahrkarten und Fahrplan gibt's bei der Touristen-Information, der Kurverwaltung, am Kleinbahnhof, Hafen oder direkt an Bord). Zurück ab Lauterbach oder Putbus mit Bus oder Bahn.

Beste Zeit: Angeboten Ende Mai – Anfang Oktober.

Dauer & Strecke: Ca. 10 Std. Insgesamt rund 10 km zu Fuß.

Ausrüstung: Bequeme Schuhe, Proviant.

FAZIT: WEN NACH EIN PAAR FAULEN TAGEN AM STRAND DAS GEFÜHLT ÜBERKOMMT, VON RÜGEN GAR NICHTS GESEHEN ZU HABEN, DER MACHE DIESE TOUR.

POLAR-LICHTER JAGEN

≥ ... im Jasmund und auf Wittow ≤

#28

Man muss nicht nach Island oder Norwegen reisen, um Polarlichter zu schon. Mit etwas Glück kann man die auch auf Rügen beobachten: am besten im Winter, des Nachts, mit einer guten Kamera – und einer Thermosflasche mit heißem Getränk.

Diese Aufnahme entstand auf Rügen während eines G2-Sturms – und beweist, dass es sich lohnt, nachts Polarlichter zu jagen. Aber was ist cooler als ein Polarlicht-Foto? Richtig, ein Polarlicht-Selfie!

Es ist so dunkel, dass man die eigene Hand kaum vor den Augen sieht. Die Kälte kriecht durch die Hosenbeine. Auch die Müdigkeit pirscht sich langsam an. Nur vom Polarlicht keine Spur, hier am Strand von Lohme beim Findling Schwanenstein, der etwa 20 Meter weiter im Wasser liegt.

Dafür tauchen Zweifel auf: Jagt man hier nicht einem Phantom nach? Polarlichter in Deutschland – war es vielleicht doch nur ein Scherz? Die Fotos, die man im Internet bewundern kann – Ergebnisse geschickter Bildbearbeitung?

Doch es gibt sie tatsächlich, die geomagnetischen Stürme, die so stark sind, dass man sie auch in diesen Breiten als Polarlicht sehen kann. Nicht oft natürlich. Aber immerhin ein bis zweimal im Monat sagen entsprechende Apps Polarlichter voraus. Nicht immer kann das menschliche Auge sie dann erfassen, da-

Hin & Weg: Am besten mit einem Auto, da man die abgelegenen Orte des Nachts nur so erreicht.

Beste Zeit: Von Ende August / Anfang September bis Ende April / Anfang Mai.

Dauer & Strecke: Je nach Geduld und Ausdauer mit Nachbearbeitung der Bilder 5–6 Std. Wer zwischendrin den Ort wechseln will, fährt mit dem Auto zum Kap Arkona (ca. 30 km).

Ausrüstung: Kamera, die lange Belichtungszeit und Veränderung des ISO-Werts ermöglicht, Stativ, evtl. Weitwinkelobjektiv, App zur Polarlichtvorhersage (zum Beispiel »Aurora forecast«), warme Kleidung und Getränke.

für aber die Kamera. Und mit sehr viel Glück sieht man vielleicht doch die Beamer am Horizont tanzen und reibt sich verwundert die Augen.

Also das Stativ aufgebaut und die Kamera nach Norden ausgerichtet. Die Finger sind starr vor Kälte. Doch die Handschuhe müssen warten, bis alles aufgebaut ist. Es ist immer noch stockdunkel. Vielleicht sieht die Kamera ja mehr? Also ein Foto geschossen und im Display angeschaut. Nein, auch hier alles schwarz. Kein Licht, nirgends. Der Tee aus der Thermoskanne wärmt ein bisschen, aber nicht genug.

Bewegung hilft. Deshalb: Ortswechsel. Schließlich sagt man nicht »Polarlicht gucken«, sondern »Polarlicht jagen«. Im Auto geht es zum Kap Arkona und mit der Taschenlampe im Anschlag die große Treppe zum Strand hinunter. Auch hier totale Dunkelheit. Doch da hinten: Ist da nicht ein schwaches Licht am Horizont? Scheinwerfer eines Schiffes? Oder schon Polarlicht?

Der Fototest bringt Klarheit, es handelt sich tatsächlich um ein Nordlicht, auch Aurora Borealis genannt, verursacht von durch Sonneneruptionen ins All geschleuderten Partikeln, die an den Polen Luftmoleküle zum Leuchten bringen.

Also draufhalten, 20 Sekunden Belichtung, offene Blende, hoher Iso. Am besten gleich Zeitraffer einstellen, ein Bild nach dem nächsten entsteht. Die Kamera wird zum Komplizen, einem Blindenhund ähnlich, der mehr sieht als das Herrchen. Und dann: War da nicht ein rötlicher Schimmer am Himmel? Aushalten und warten – die Kälte ist nicht mehr zu spüren.

FAZIT: ZUGEGEBEN, ES GEHÖRT EINE MENGE GLÜCK DAZU, POLARLICHTER AUF RÜGEN ZU SEHEN. DOCH WER DIE CHANCE HAT, SOLLTE SIE NUTZEN.

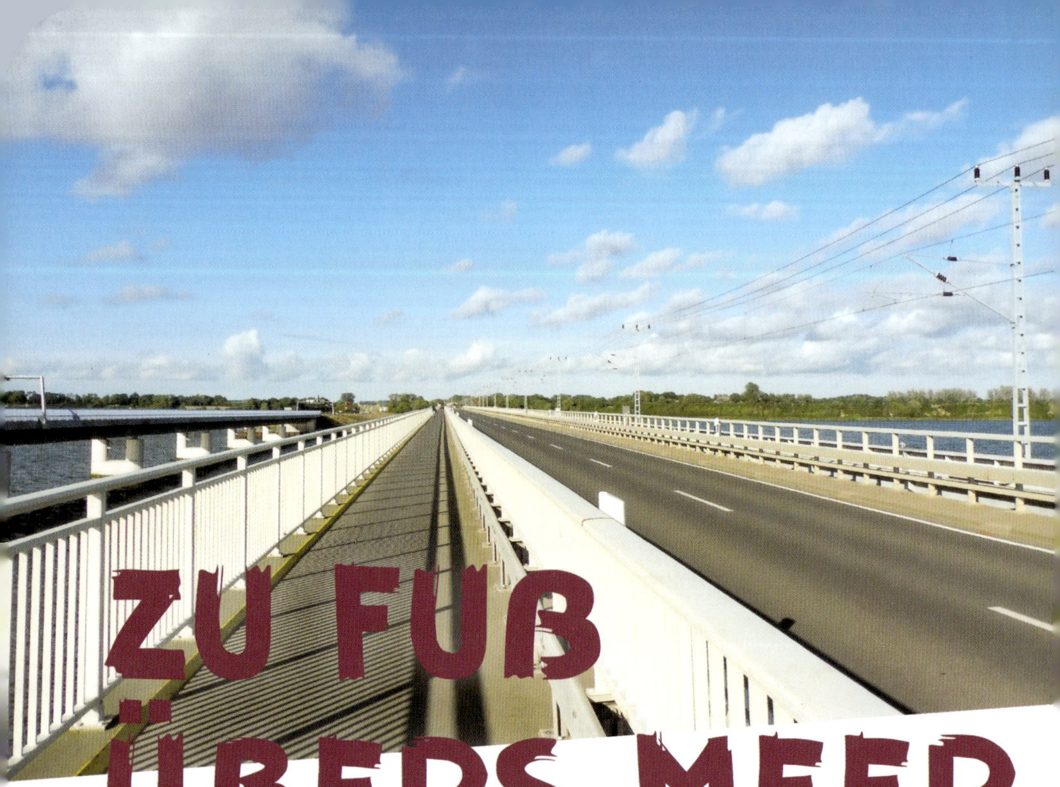

ZU FUß ÜBERS MEER

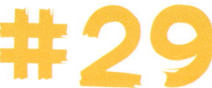

… über den Dänholm nach Stralsund

#29

Wer im Zug oder Auto über Stralsund nach Rügen kommt, kann die Überfahrt kaum genießen – viel zu schnell ist man auf der Insel. Dabei ist die Rügenbrücke eine nähere Betrachtung wert. Und Dänholm, die kleine Insel zwischen Rügen und Stralsund, eine kleine Entdeckung.

#über2Brückenmusstdugehen #Großstadtflair #dänischeSpuren #hyggelig

Muss man in Stralsund gesehen haben: die Gorch Fock im
Hafen. Links: Der Rügendamm.

Zugegeben, es gibt lauschigere Wege von Stralsund nach Dänholm als den über den Rügendamm, direkt neben den rasenden Autos. Dass links und rechts malerisch das Wasser liegt, hilft wenig. Und auch die sonst so imposante Rügenbrücke hängt hier flach und langweilig über dem Sund. Also nichts wie weiter.

Ein halber Kilometer, dann kommt Dänholm. Der Name weckt Assoziationen: an skandinavische Landschaften und hyggelige Gemütlichkeit. Die Ernüchterung folgt, kaum dass man links über die Bahnschienen in den Ort einbiegt. Trostlos der Anblick: eine große Wendeschleife für Busse, aus denen niemand aussteigt; ein Orientierungsplan, dem der Plan fehlt; eine Gaststätte, die meist geschlossen zu sein scheint.

Willkommen fühlt man sich zunächst nicht auf dieser kleinen Insel, die ihren Namen übrigens von belagernden Dänen erhielt – eine gewisse Abwehrhaltung liegt noch immer über dem Ort. Erst beim Nautineum wird

sich das ändern. Der Eintritt zur Außenstelle des Deutschen Meeresmuseums Stralsund ist frei und das freundliche Personal erklärt den Besuchern gern, wie sie sich optimal über das Areal bewegen. Eine Stunde kann man mit den Exponaten zu Fischerei, Meeresforschung und Hydrografie gut verbringen, mit Picknickpause hinter Fischerbooten und einem Spielplatzstopp am Piratenboot.

Danach geht es weiter nach Stralsund, und zwar auf der 133 Meter langen Ziegelgrabenbrücke. Nebenan schwingt sich Deutschlands größte Schrägseilbrücke, die Rügenbrücke, empor: auf 128 Meter Pfeilerhöhe und 42 Meter Durchfahrtshöhe für Schiffe. Hier macht die Stadt auf Metropole – und dabei eine so elegante Figur, dass man es ihr nicht übel nimmt. Zumal das Viertel darunter das groß-

städtische Gehabe direkt unterfüttert: Graffiti auf Fabrikmauern, verrammelte Garagen, dazwischen unheimliche Leere. Hier könnte man Krimis spielen lassen. Doch wenige Meter weiter schon zeigt sich Stralsund von seiner beschaulicheren Seite. Hansestadtflair am Hafen. Gorch Fock. Ozeaneum. Fisch vom Kutter. Dahinter die Altstadt mit ihren schönen Giebelhäusern. Ein bisschen sollte man sich hier treiben lassen. Und den Rückweg so planen,

Hin & Weg: Vom Bahnhof Altefähr in Richtung Rügendammbrücke gehen.

Beste Zeit: Zu jeder Jahreszeit schön.

Dauer & Strecke: Je nach Verweildauer in Dänholm und Stralsund ca. 5–8 Std. Etwa 12 km zu Fuß.

Ausrüstung: Gutes Schuhwerk, Kamera.

Links: Blick vom Hafen in Stralsund auf die Rügenbrücke. Oben: In der Bootshalle sind neben Zeesbooten auch herkömmliche Fischerboote ausgestellt. Exponate der Meeresforschung gibt es in einer weiteren Halle zu entdecken.

dass man wieder an der Ziegelgrabenbrücke steht, wenn sie für den Schiffsverkehr geöffnet wird. 17.20 Uhr zum Beispiel, oder 21.30 Uhr. Denn wann kann man schon mal zusehen, wie sich eine Fahrbahn gen Himmel klappt? Und sich Hunderte von Booten artig durch eine Brückenöffnung schieben wie brave Schüler bei der Feuerübung durch das Schultor?

Zurück auf der Insel geht's links nach Altefähr. Hier sollte man sich in der Marina einen Sundowner gönnen und zuschauen, wie die untergehende Sonne die Silhouette Stralsunds scharf zeichnet. Auch die Rügenbrücke ist zu sehen – plötzlich ist sie erstaunlich winzig.

FAZIT: WARUM NICHT EINFACH MAL DEN STRELASUND ZU FUß ÜBERQUEREN? EINE UNGEWÖHNLICHE TOUR MIT KLEINEN ABENTEUERN UND EINZIGARTIGEM BLICK AUF DIE BRÜCKENARCHITEKTUR.

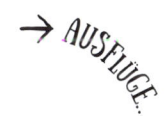

→ AUSFLÜGE...

WASSER IM BLICK

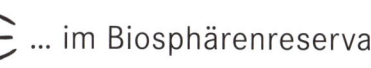

≥ ... im Biosphärenreservat Südost-Rügen ≤

#30

Wandern oder baden? Bei dieser Tour muss man sich nicht entscheiden – immer wieder gibt es Gelegenheit, ins kühle Nass zu springen. Und am Schluss wartet ein schönes Plätzchen am Meer: auf dem Handtuch oder im Strandkorb.

Bevor man den Tag am Meer ausklingen lassen kann, führt die Tour durch einen Wald, zwischen Feldern entlang, durch Dörfer, kleine Fischerorte und Häfen.

Einen besseren Einstieg als das Badehaus Goor kann man sich für diese Tour kaum wünschen. Denn es ist nicht nur eine klassizistische Augenweide. Es versinnbildlicht auch den Erfolg des Bädertourismus auf Rügen. 1816 nahm dieser in Putbus seinen Anfang: im Gebäude des heutigen Uhrenmuseums, also ein gutes Stück vom Meer entfernt und trotzdem mit dem Wasser der Ostsee. Und plötzlich wollten sie es alle. Baden. Schnell wurde das alte Bad für die steigende Nachfrage also zu klein. Daher ließ Fürst Wilhelm Mal-

te l. wenig später den mit 18 dorischen Säulen verzierten Badetempel direkt am Bodden errichten. Heute kann man hier gehoben Wellness oder einfach nur den Anblick genießen.

Vom Badehaus geht es zunächst immer am Wasser entlang, bis zur Badestelle in Muglitz. Hier könnte man das erste Mal sein Handtuch ausrollen und ins Wasser springen. Oder lieber weiterlaufen, erst mal Strecke machen? Dann zwischen Feldern und Wiesen nach Groß Stresow wandern, wo man sich in Haases Eishütte eine hausgemachte Leckerei holen und sie im Schatten eines Baumes mit Blick auf die Stresower Bucht genießen kann. Auch dort lädt eine Badestelle dazu ein, die Wanderschuhe abzustreifen und wenigstens den Füßen etwas Abkühlung zu gönnen.

Anschließend geht es für eine Weile weg vom Wasser, an den Stresower Tannen und Lancken-Granitz vorbei, bis zum Neuensiener See. An seinem Südende, wo er sich mit der Having verbindet, führt eine Brücke nach Seedorf. In der Fischersiedlung kann man eine Rast am Hafen einlegen oder noch ein Stück weiter zur nächsten Badestelle, am Weißen Berg, gehen.

Von dort folgt der Weg der Having bis zum Fähranleger in Moritzdorf. Keine gewöhnliche Fähre wartet dort auf den Wanderer: Übergesetzt wird in einem Ruderboot, mit dem Fährmann am Ruder. Es ist die kleinste Fähre Rügens und die kürzeste Fährverbindung Norddeutschlands.

Vom Bollwerk Baabe geht es am Selliner See vorbei bis ins Zentrum von Baabe. Und von dort an den feinsandigen, etwa 50 Meter brei-

ten Traumstrand der Ostsee. Hier endet der Ausflug – und wer mag, kann den Rest des Tages faul am Strand liegen.

> **FAZIT: EINE WANDERUNG, BEI DER MAN DEM WASSER MEISTENS GANZ NAH IST – INSELFEELING TOTAL!**

Hin & Weg. Mit dem Bus bis Lauterbach Hafen oder mit der Bahn sowie dem Rasenden Roland bis Lauterbach Mole. Zurück von Baabe mit dem Bus oder dem Rasenden Roland.

Beste Zeit: In der Badesaison von Sommer und Herbst.

Dauer & Strecke: 5 Std., ca. 20 km zu Fuß.

Ausrüstung: Badezeug. Proviant nach Bedarf, ist aber nicht zwingend notwendig. In Seedorf und Baabe gibt es Lokale zur Einkehr.

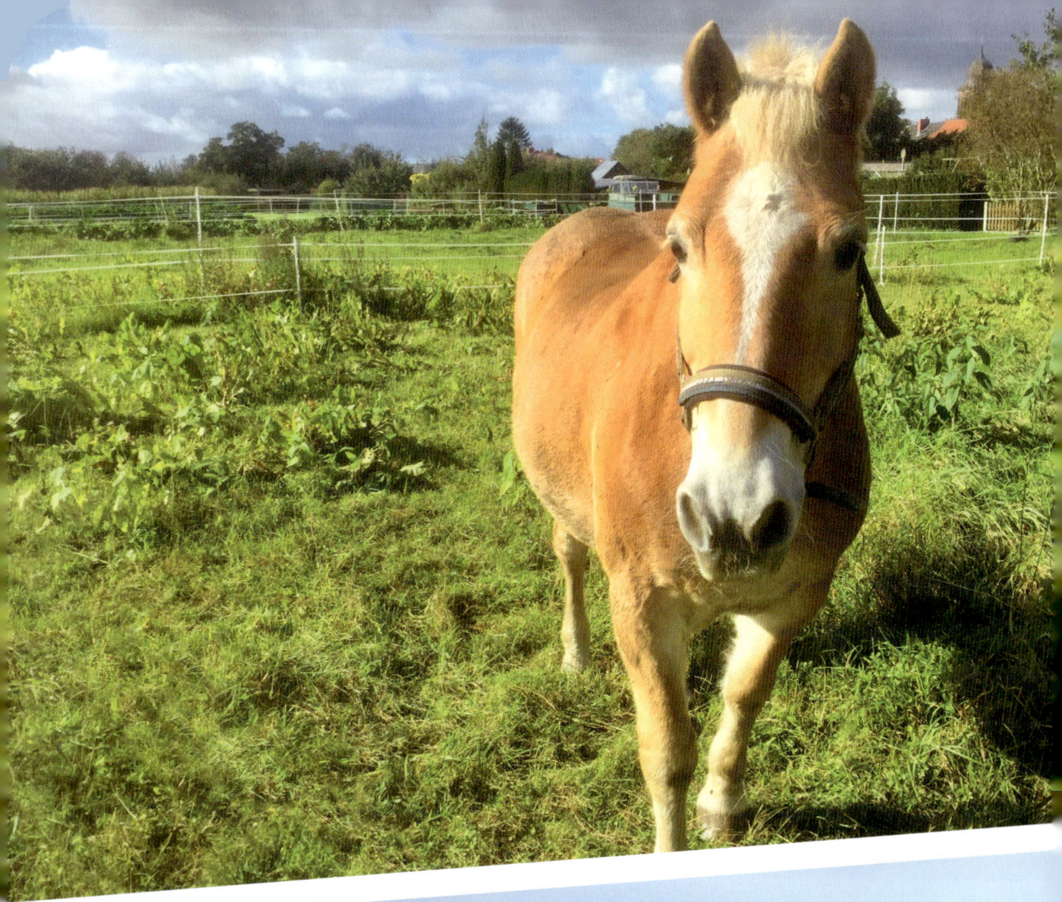

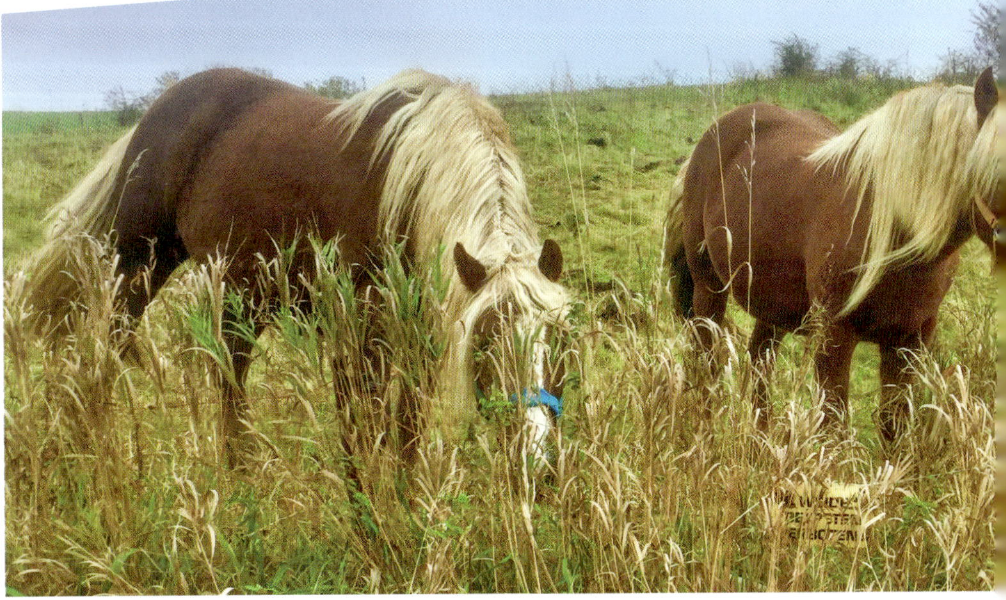

HOCH ZU ROSS

⋝ ... durch Rügens Westen ⋜

#31

Rügens weniger bekannte Seite lässt sich wunderbar vom Rücken der Pferde aus entdecken. Durch einsame Wälder, über Wiesen und Felder geht es – und vorbei an alten Herrenhäusern und romantisch verfallenen Höfen.

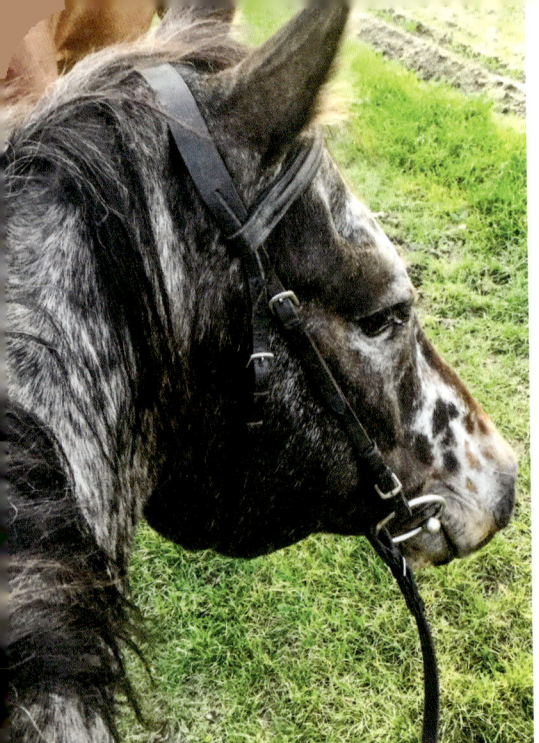

Mit gespitzten Ohren sieht der Apaloosa dem bevorstehenden Galopp entgegen.

scheinlich ein lautes Trompeten – Kraniche! Und die Reiter bekommen die majestätischen Vögel auf diesem Ausritt auch noch zu sehen, in Pfeilformation am Himmel fliegend oder beim Futtern auf den Feldern. Denn deswegen sind die Vögel hier: um sich zu stärken für den langen Weiterflug.

Der Feldweg mündet in einen Buchenwald, der im Herbst einen Teil seiner Blätter als rostfarbenen Teppich ausgerollt hat. Die Pferde scheinen sich über den weich federnden Boden zu freuen und legen gleich einen Schlag zu. Schmale Äste ragen in den Luftraum des kurvigen Pfades und streifen die Reiter an der Schulter. Manchmal müssen sie den Kopf zur Seite legen, um einem größeren Ast auszuweichen. Mit wallender Mähne traben die Pferde voran, bis der Pfad ziemlich abrupt an einem Gehöft endet. Von dort hört man Gegacker, ein paar Puten und Truthähne kommen neugierig herbeigelaufen, die rotlappigen Hälse langgestreckt.

Weiter geht es über eine Allee, vorbei an reetgedeckten Bauernkaten, mit schnatternden

Mitten durchs Dorf trotten die Pferde, die Leute grüßen einen freundlich. Urlauber hoch zu Ross – ein vertrauter Anblick hier in der Nähe des Reiterhofes Zirmoisel bei Bubkevitz.

Hinter dem Dorf biegt die Gruppe in einen Feldweg ein, der neben einem Entwässerungsgraben verläuft. In alle Himmelsrichtungen dehnen sich nun Felder und Äcker, nur hier und da unterbrochen von den Baumreihen einer Allee oder einem kleinen Wald. Zur Linken auf einem Acker stehen oft Gruppen von Rehen, nur ein paar hundert Meter entfernt. Aber auch sie lassen sich nicht stören, heben nur mal kurz die Köpfe und spähen herüber, dann äsen sie weiter.

Ist man im Frühjahr oder Herbst unterwegs, dann hört man von der anderen Seite wahr-

Hin & Weg: Mit dem Bus bis Haltestelle Bubkevitz, von dort ca. 2 km zu Fuß bis zum Reiterhof Zirmoisel (www.wanderreiten-auf-ruegen.de).

Beste Zeit: Frühjahr–Herbst, aber auch im Winter schön mit Schnee.

Dauer & Strecke: Pro Ausritt 1,5 Stunden und länger. 8 km oder mehr hoch zu Ross.

Ausrüstung: Bequeme Kleidung und Schuhe, Reithelme können ausgeliehen werden.

Auf Feld- oder Waldwegen erkundet man die Region vom Sattel aus.

Enten im Garten. An Backsteinhäusern mit und ohne Fachwerk. An jahrhundertealten Kirchen und Landsitzen, wie dem Gut Tribbevitz, das für seine Trakehnerzucht bekannt ist. Oft kann man die edlen Pferde auf der Weide sehen.

Die ländliche Gegend im Nordwesten Rügens ist ideal für Ausritte. Zwischen den ausgedehnten Feldern können sich die erfahrenen Reiter dann auf lange Galoppaden freuen. Die Teilnehmer werden nach ihrer Reiterfahrung einer Gruppe zugeteilt – auch Anfänger sind willkommen! Für sie gibt es Schnupperausritte in die Umgebung (circa eineinhalb Stunden), entweder in der Gruppe oder individuell mit einem Reit-Guide.

FAZIT: DEN RUHIGEN WESTEN RÜGENS VOM SATTEL AUS ZU ERKUNDEN IST AUCH EIN AUSFLUG IN DIE VERGANGENHEIT. UND EIN GROSSES ABENTEUER!

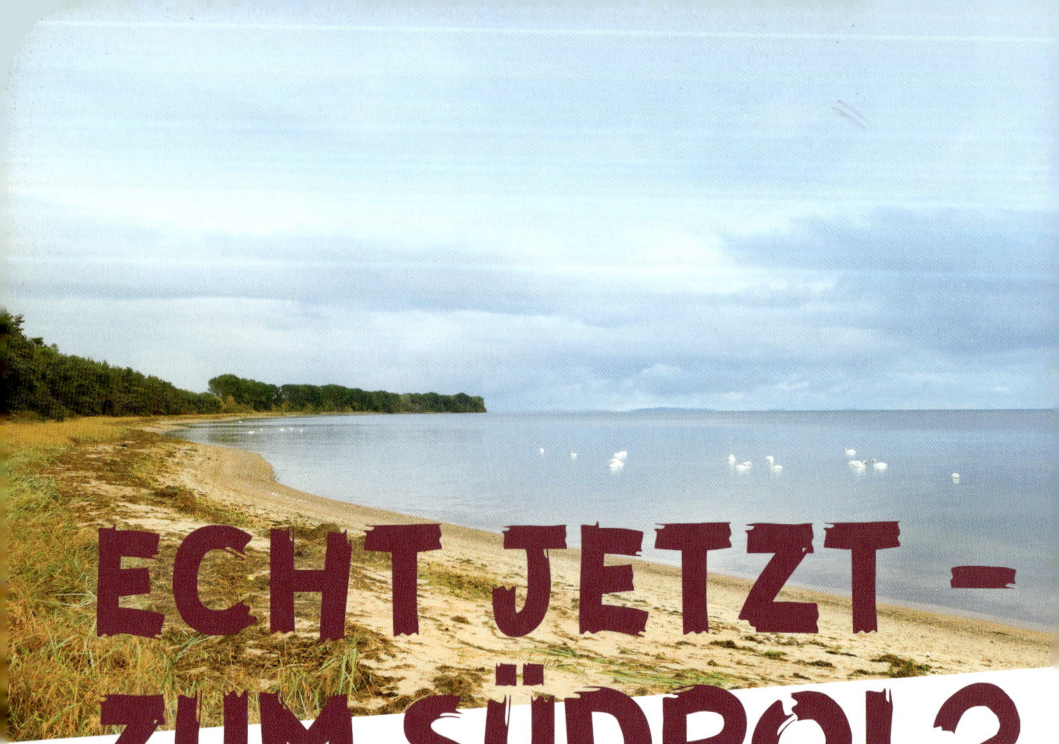

ECHT JETZT – ZUM SÜDPOL?

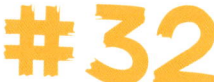

… Ruhe genießen auf Zudar

#32

Palmer Ort auf der Halbinsel Zudar ist der südlichste Punkt von Rügen. Hier findet man Ruhe und Natur zwischen Wiesen, Wäldern und Wasser. Ein Spaziergang zum Strand, ein Bad, dann eine kleine Wanderung an Feldern vorbei in das idyllische Dorf Zicker.

#SüdpolExpedition #wertvollesSeegras #Bernsteinsuche #dieStulleausgepackt

Vom Palmer Ort (links) bis zum Gutshaus Zicker (oben) geht die Tour, wobei der Himmel währenddessen von stahlgrau bis blau-weiß wechseln kann.

Von der Bushaltestelle Wendeplatz Maltzin führt eine Art Plattenweg zwischen den Äckern hindurch. Und nach ein paar hundert Metern ist sie überall, links wie rechts: die geliebte Ostsee. An der Weggabelung geht's rechts runter (Richtung Palmer Ort, Strand). Hinter der Baumreihe leuchtet das Wasser in der Sonne und schon bald erreicht man einen kleinen Naturstrand am Bodden, von einem Kiefernwald gesäumt. Im Wasser gründelnde Schwäne verstärken die Atmosphäre von Ruhe und Frieden, die dieser Ort ausstrahlt – zumindest im Herbst. Ein erfrischendes

Bad, sich auf dem Handtuch ausstrecken und sonnen, eine mitgebrachte Stulle verputzen, ein Buch lesen oder einfach nur mit dem Blick aufs Wasser vor sich hin träumen. Hier ist die Welt noch in Ordnung.

Anschließend empfiehlt sich ein kleiner Strandspaziergang. Dann, an der Gabelung, geht's Richtung Grabow (1,1 Kilometer, ausgeschildert). Auf dem Sandweg mit Blick rechts auf die Ostsee, links auf ein kleines Wäldchen. An der nächsten Gabelung führt der Weg links ins Dorf, rechts zum Strand und geradeaus

auf einen Naturlehrpfad, einen weichen, mit Moos, Gras und Kiefernnadeln gepolsterten Weg, der sich zunächst zwischen Kiefern und Birken entlangschlängelt und bei jedem Schritt einen betörenden Kiefernduft freigibt. Dann folgen Eichen mit dichtem Unterwuchs aus Brombeeren und Heckenrose. Das Rauschen der Ostsee, das Säuseln des Windes in den Blättern und nicht zuletzt das Vogelgezwitscher bilden die Klangkulisse.

Der Naturlehrpfad führt zu einem schmalen Naturstrand auf der anderen Seite der Landzunge. Das Wasser ist klar, im Spülsaum angeschwemmtes Seegras. Das riecht bisweilen etwas schwefelig: kein negatives Zeichen, sondern Folge der natürlichen Zersetzung. Seegras-Habitate sind weltweit selten geworden und stehen unter besonderem Schutz, da sie die Kinderstube vieler Fischarten sind. Auch der Dünengras-Gürtel dieses Strandes gehört zu solchen geschützten Lebensräumen. Am Strand sieht man eventuell Spaziergänger, die in Gummistiefeln langsam durchs Wasser waten, den Blick starr nach unten gerichtet: Bernstein-Sucher. Am Ende

---

Hin & Weg: Mit dem Bus bis zur Haltestelle Wendeplatz Maltzin. Zurück ebenfalls mit dem Bus 33 von Zicker.

Beste Zeit: Sommer–Herbst (solange das Wasser noch Badetemperatur hat).

Dauer & Strecke: 2 Std., 8 km zu Fuß.

Ausrüstung: bequeme Schuhe, Badezeug und unbedingt Proviant.

Verträumte Buchten, Ackerland und ein lichtes Wäldchen samt Naturlehrpfad und Insektenhotel sind auf dieser Tour zu sehen.

des Strandes befindet sich ein Parkplatz, von dem aus senkrecht zum Strand ein Feldweg wegführt. Diesem folgend macht man sich auf den Weg nach Zicker, zwischen zwei riesigen Ackerflächen hindurch, die von einem Knick gesäumt sind. In Zicker angekommen, steht man direkt vor einem sehr schönen Gutshaus; es vermietet Ferienwohnungen, hat aber leider kein Café. So bleibt einem nur, sich einen Platz im Freien zu suchen, um das

mitgebrachte Vesperbrot zu verzehren. Aber sonst wäre es ja auch keine echte »Südpol-Expedition«.

ALLE VÖGEL SIND SCHON DA

>≡ ... auf der Halbinsel Pulitz ≡<

#33

Vogelbeobachtung im Wald heißt neuerdings Birding und ist ein wahrer Trend geworden. Ein guter Ort, um mit diesem Freizeitsport anzufangen, ist die Halbinsel Pulitz im Kleinen Jasmunder Bodden, denn die bietet durch ihre reiche Bodenvegetation eine besondere Artenvielfalt.

Die unter Naturschutz stehende Halbinsel Pulitz ist ein Refugium für selten gewordene Vögel. Der Weg dorthin von Bergen führt durch ländliches Gebiet.

Eine Allee mit alten Bäumen, links und rechts nur Felder, und dahinter, zu beiden Seiten, das Wasser des Boddens – wem die Szenerie »irgendwie romantisch« vorkommt, liegt genau richtig: Am Ende des Weges erklärt eine Tafel, man befinde sich im »Romantischen Rügen«, das die Inselbesucher durch die »herrlichen Ausblicke, die Stille der Wälder und die Schönheit der Boddenlandschaft verzaubert«. Doch die meisten Wanderer, die hier vorbeikommen, haben dafür nur bedingt einen Blick: Sie wollen Vögel sehen!

Nach einem kleinen Waldstück flankieren verwilderte Streuobstwiesen den Weg. Dann geht es wieder in den Wald. Umgestürzte Stämme und morsche Stümpfe bedecken den Boden. Pilze, Moose und Farne sprießen aus dem toten Holz. An machen Stellen fehlt

Borke, klaffen Löcher – Hinweise auf rege Bearbeitung. Und tatsächlich hört man hier oft einen Specht hämmern. Also das Fernrohr gezückt und auf die Stämme gezoomt. Doch keine Spur vom Specht? Dafür hat man sicher schnell einen anderen Vogel im Visier. Grauer Kopf mit schwarzer Maske, das Gefieder rotbraun – was sagt die Vogelbestimmungs-App? Eine Beutelmeise! Es könnte aber auch ein Rotrückenwürger sein, auch Neuntöter genannt. Von beiden hat man noch nie gehört – dafür stellt sich aber gleich das Gefühl ein, viel gelernt zu haben.

Vor wenigen Jahren war es noch als spießig verpönt, inzwischen ist Birding fast zum Breitensport geworden. Einer der Hauptgründe dürften die schnellen Erfolgserlebnisse sein. Einen anderen erfährt man etwas später: Wer

Vögel beobachtet, schaut so konzentriert in die Natur, dass er alles andere vergisst – was für eine herrliche Art des Abschaltens!

Während man dem Weg durch den Wald folgt, verändert sich die Flora. Die Buche bildet auf Pulitz verschiedene Gesellschaften, wie den ursprünglichen Perlgras-Buchenwald oder Eichen-Buchenwald nahe der Kliffs. Außerdem gibt es ausgedehnte Röhrichtzonen, in denen die Große Rohrdommel zu Hause ist. Dieser Vogel aus der Reiherfamilie ist für seine lauten Balzrufe bekannt: Das dumpfe »Huups« hat ihm den volkstümlichen Namen Moorochse eingebracht. Den Paarungsaufruf der Großen Rohrdommel wird man auf Pulitz allerdings nicht zu Gehör bekommen: Von Mitte Januar bis Mitte Juli ist die Insel für Besucher gesperrt, damit vor allem die Greife hier ungestört brüten und ihre Jungen aufziehen können.

Am Süd- und Ostufer des Eilandes führt eine alte Lindenallee entlang. Von der flachen Landzunge, dem sogenannten Sonnenhaken, blickt man über den Bodden und auf die Halbinseln Thiessow und Buhlitz. Am Ende also nochmal ein Blick für das große Ganze, diese herrliche Landschaft!

Der bunt schillernde Eisvogel leuchtet wie ein Juwel im Unterholz.

FAZIT: DIE ARTENREICHE HALBINSEL PULITZ IST FÜRS BIRDING PERFEKT, AUCH WENN MAN DIE VÖGEL NICHT BEIM BRÜTEN BEOBACHTEN KANN, DA DIE INSEL DANN GESPERRT IST.

Hin & Weg: Von Bergen nach Stedar, entweder zu Fuß, mit dem Fahrrad oder mit dem Bus. Von dort am besten zu Fuß weiter.

Beste Zeit: Mitte Juli – Ende Dezember. Im Herbst rasten hier Scharen von Säger-, Tauch- und Schwimmenten. Vom 15. Januar bis 15. Juli ist die Insel für Besucher gesperrt.

Dauer: 5–7 Std.

Ausrüstung: Fernglas, Verpflegung, Buch oder App für die Bestimmung von Flora und Fauna.

AUF DER PIRSCH

> ... am Schwarzen See <

#34

In ganz Europa ist er selten geworden, aber auf Rügen fühlt er sich wohl – der Seeadler. Verständlich, denn hier findet er ideale Bedingungen für seine Lebensweise: Fischreiche Gewässer, an denen sich das Jagen lohnt, und geschützte Wälder mit hohen, alten Bäumen. Der ideale Kinderspielplatz für seine Jungen.

Nicht nur Adler, sondern auch viele andere Vogelarten lassen sich gern auf dem Schwarzen See nieder. Daneben: Sitzbänke neben der alten Eiche am See laden Besucher zu einer Rast ein.

Die Weibchen sind die Schwergewichte unter den Seeadlern – sie sind schließlich auch größer als ihre männlichen Artgenossen. Drei bis fünf Kilo bringt ein Männchen auf die Waage, ein Weibchen erreicht fast sieben Kilo. Fische und Wasservögel packt der Adler blitzschnell mit seinen kräftigen Klauen, nicht selten im Überraschungsangriff. Aber auch ein tot auf dem Wasser treibender Fisch ist ihm nicht zu schade.

Die stattlichen Vögel mit ihren ockergelben Köpfen und Hälsen kann man auf Rügen an verschiedenen Orten beobachten: am Nonnensee, am Rassower Strom, in Tankow, auf der Insel Pulitz und am mystisch bis unheimlich wirkenden Schwarzen See in der Granitz, dem ehemaligen Jagdgebiet der Fürsten zu Putbus.

Die Buchenwälder der Granitz zählen zu den artenreichsten des norddeutschen Tieflandes und man kann sich lebhaft vorstellen, dass Jäger hier schon vor Jahrtausenden umherstreiften – auf der Pirsch nach Mammuten. Ihre Hügelgräber erinnern heute noch an sie.

In einigen der Buchenwälder gibt es kleine Kesselmoore, wertvolle Lebensräume mit torfbildender Pflanzendecke. Auch der Schwarze See geht am Rand in Moor über. Seine üppige Ufervegetation birgt seltene und besonders geschützte Tiere und Pflanzen – neben Torfmoosen und Wollgräsern auch Sonnentau, Sumpfporst und die Moosbeere. Und an Brutvögeln leben hier Schwarzspecht, Uferschwalbe, Rotmilan – und eben der Seeadler.

Mit etwas Glück sieht man den Flugkünstler bei der Jagd. Er beobachtet von einem Ast aus das Treiben auf dem See oder er fliegt mit ausgebreiteten Schwingen suchend umher. Manchmal »rudert« er mit den Flügeln oder »rüttelt« kurz. Oder er saust hinab auf die Wasserfläche und beinah ebenso schnell wieder in die Luft, mit der Beute. Gegessen wird in Ruhe, wer kann es ihm verdenken.

Apropos: Auch der Birdwatcher sollte Vorsorge treffen für den kleinen Hunger zwischendurch. Und neben der Stulle können ein Quäntchen Geduld und ein Fernglas nicht schaden. Bänke und umgestürzte Baumstämme vor dem Steg sind die ideale Sitzgelegenheit.

Aber Vorsicht: Das wie ein schwarzes Auge im Wald dräuende Gewässer ist ein Relikt aus der Eiszeit, etwa 15 Meter tief. Darunter schließt eine meterdicke Schicht aus zersetzter Biomasse an. Neben Plötzen, Rotfedern und Hechten fühlen sich hier auch Blutegel recht wohl – besser also nicht ins Wasser fallen. Baden ist ohnehin verboten.

Sollte der Seeadler sich einmal nicht zeigen: Zur Balzzeit im Winter oder zur Brutzeit im Frühling kann man wenigstens sein Rufe durch den Wald hallen hören.

FAZIT: SEEADLER–SICHTUNGEN SIND LEIDER NICHT GARANTIERT, DOCH SCHON ALLEIN DER SPAZIERGANG LOHNT SICH IMMER.

Hin & Weg: Mit dem Bus bis Sellin, Granitzer Straße. Die Hauptstraße hoch (Richtung Seebrücke), vorher links in die Warmbadstraße abbiegen, an der Kurverwaltung vorbeigehen und dann nach schräg links, am Spielplatz vorbei.

Beste Zeit: Ganzjährig

Dauer: Nach Belieben und Ausdauer, was das Warten auf den Adler angeht.

Ausrüstung: Fernglas, Brotzeit.

DEN HOHEN NORDEN ERFAHREN

 ... auf der Halbinsel Wittow

 **#35**

Die Halbinsel Wittow ist zum Radfahren ideal. Das Gelände überwiegend flach, das Radwege-Netz ausgedehnt. So geht es windgeschwind über die Dörfer, zwischen Wiesen und Feldern hindurch, am Bodden entlang und durch kleine Hafenorte.

→ AUSFLÜGE

Am Wieker Bodden haben Surfer oft genug Wind, um ihrem Hobby zu frönen. Radler können sich in Wiek mit Proviant eindecken und zum Beispiel die Kirche besichtigen.

Von Altenkirchen führt die Tour erst an der Landstraße entlang über Gudderitz und Lüttkevitz bis an den Wieker Bodden. Bei gutem Wind – und der ist in Windland, wie man Wittow auch nennt, sehr wahrscheinlich – sausen hier die Kite-Surfer übers Wasser. Auf der Strandpromenade flugs weitergestrampelt bis nach Wiek mit seinem kleinen Hafen. Aber was ist das da für ein Relikt? Es sollte einmal eine Verladebrücke werden. Für die Kreide, die man ab 1914 hier abbauen wollte. Dazu kam's dann aber gar nicht mehr. Heute dümpeln die Segelboote von Feriengästen im Wasser. Wer Hunger hat, kann im Kiosk des gelben Hafenmeister-Hauses Brötchen bekommen, auch Fischbrötchen, Bockwurst, Getränke, Zeitungen und Kescher – alles, was man so braucht fürs leibliche Wohl. Oder wie wär's mit etwas Bildung? Ein kleiner Abstecher zur Backsteinkirche Sankt Georg (15. Jahrhundert) bietet sich hier an. Sie thront auf einer Anhöhe über dem Hafen.

Weiter geht es über Zürkvitz auf den Boddenweg zur Wittower Fähre. Im Wieker Bodden sieht man unzählige Wasservögel, auf den Feldern nebenan im Herbst Scharen von Kranichen und Gänsen.

Hinter Zürkvitz beginnt der Boddenweg (links) zur Wittower Fähre. Auf dem Rückweg kann man im Gut Bohlendorf (rechts) eine Kaffee-Pause einlegen.

An der Fährstation angekommen, gibt's erst einmal eine Pause zur Belohnung. Ein Weilchen dem Treiben auf dem Wasser zusehen und dann mit der Fähre übersetzen. Auf der anderen Seite geht's entlang einer Kastanienallee, die Teil der alten Heringstraße war, nach Trent. Der kleine Ort ist eines der ältesten Kirchdörfer der Insel. Hungrige können sich hier noch ein Fischbrötchen kaufen, bevor es mit der Fähre zurück nach Wittow geht.

Von der Fährstation fährt man erst wieder ein Stück am Bodden entlang, wie auf dem Hinweg, biegt dann aber bei Vansevitz rechts ab, nach Parchow. Und radelt von dort nach Bohlendorf. Das gleichnamige Gut, etwas abgelegen zwischen Feldern und Wald, lädt zu Kaffee und Kuchen. Das gelbe Herrenhaus mit dem mächtigen Ziegeldach wurde zwar erst Ende des 18. Jahrhunderts errichtet, aber wie eine Tafel am Eingang informiert, reichen die Wurzeln des Landsitzes bis ins 13. Jahrhundert zurück.

Anschließend radelt man über die wenig befahrene Landstraße via Lobkevitz nach Breege. In dem charmanten Hafenort kann man wunderbar auf einer Bank am Wasser relaxen und den heimkehrenden Freizeitseglern zusehen. Wer's lange aushält, auch dem Sonnenuntergang. Im 19. Jahrhundert hatte dieser verträumte Ort seine große Zeit: Die Breeger Kapitäne kreuzten mit ihren Segelschiffen auf den Weltmeeren. Aus dieser Epoche stammen auch die typischen Kapitänshäuser hier. Mit der Dampfschifffahrt verlor der Ort allerdings seine Bedeutung. Danach geht's durch einen kleinen, barocken Park mit Musikpavillon nach Juliusruh und von dort nach Altenkirchen zurück.

Aus dem 12. Jahrhundert stammt die Pfarrkirche von Altenkirchen, eine der ältesten von Rügen. Im Gemeindehaus nebenan erinnert eine Ausstellung an den Pfarrer und Schriftsteller Ludwig Gotthard Kosegarten.

FAZIT: EINE LANDSCHAFTLICH UND KULTURELL ABWECHSLUNGSREICHE UND REIZVOLLE TOUR, BEI DER MAN MANCHMAL AUCH EIN BISSCHEN GEGEN DEN WIND ANSTRAMPELN MUSS.

Hin & Weg: Mit dem Bus bis Altenkirchen. Fahrräder kann man dort leihen. Oder man nutzt den RADztatz (VVR-Bus mit Fahrradanhänger) und bringt sein eigenes mit.

Beste Zeit: Frühjahr–Herbst.

Dauer & Strecke: Ca. 2,5 Std., 40 km mit dem Rad.

Ausrüstung: Verpflegung, ggf. Fernglas.

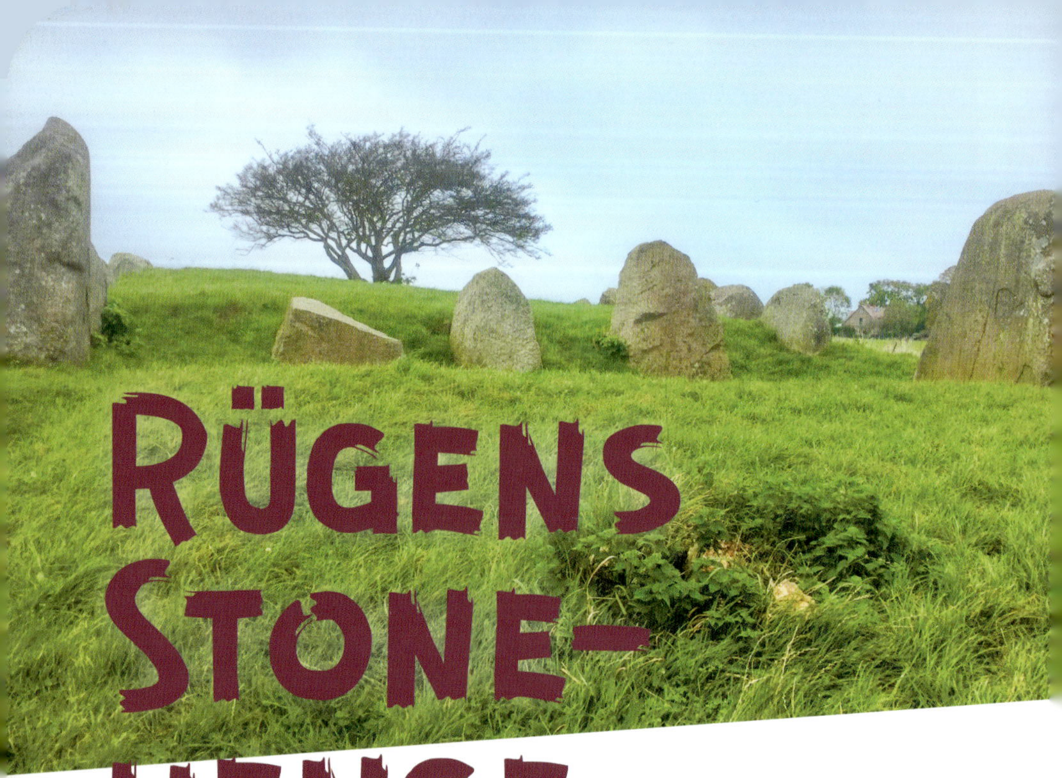

RÜGENS STONEHENGE

 ... zwischen Juliusruh und Putgarten

 Ein Tempel für einen Gott mit vier Gesichtern. Und eine Kapelle, die einst für Fischer gebaut wurde. Die Wanderung führt immer am Meer entlang zu spirituellen Orten der Halbinsel Wittow und gibt einen interessanten Einblick in die wechselvolle Geschichte Rügens.

#Schinkelwarhier #vonHünen&Riesen #GräberTempelKirchen

Das Großsteingrab bei Nobbin (links), auch Hünenbett genannt. Immer am Meer entlang geht's bei dieser Tour über die Halbinsel Wittow.

Stonehenge von Rügen haben sie es genannt, die Einheimischen, und man hat freundlich mit dem Kopf genickt und sich nicht viel erhofft. Vergleiche wie diese hinken doch immer. Wenn man aber vor dem Großsteingrab bei Nobbin steht, einem der größten Steingräber Norddeutschlands, reibt man sich doch die Augen.

Von den einst 53 Findlingen sind 39 noch aufrecht. Flankiert wird die trapezähnliche 34 Meter lange Anordnung von zwei mächtigen Wächtersteinen, jeder an die drei Meter hoch. Kein Wunder, dass Maler wie Caspar David Friedrich fasziniert waren von diesem Ort. Man selbst ist es jetzt auch. »Riesenberg« wird das Großsteingrab bei Nobbin auch genannt,

oder Hünenbett. 1970 förderten Archäologen neben einer Klinge, drei Pfeilspitzen und ein paar Gefäßscherben auch zwei Schädel aus der Jungsteinzeit zutage. Heute ist die Anlage Teil des Themenweges Heilige Stätten, der in verschiedenen Etappen über die Insel führt.

Es ist nicht nur eine Entdeckungsreise in die Vergangenheit, es ist vor allem auch eine schöne Wanderung: immer am Wasser entlang, die Küste im Blick. Zwei Kilometer weiter erreicht der Wanderer das Café zur Kleinen Rast in Goor, und kann neben der schönen Aussicht den hausgebackenen Kuchen und vielleicht eine Holunderblüten-Schorle genießen.

Die reetgedeckten Fischerhäuser in Vitt strahlen immer noch die Beschaulichkeit von früher aus, auch wenn der Ort ein beliebtes Touristenziel ist. Außer Radfahren bietet sich auch ein Strandspaziergang an der Ostsee an.

Als Nächstes kommt das denkmalgeschützte Fischerdorf Vitt, einst wichtiges Zentrum des Heringsfangs. Der Hering machte sogar Gott Konkurrenz: Statt am Sonntag in die Kirche nach Altenkirchen zu laufen, blieben die Fischer nämlich lieber in der Nähe des Wassers, damit sie keinen Heringsschwarm verpassten. Eine Zeit lang bemühte sich der Pfarrer für den Gottesdienst daher eigens an den Strand von Vitt – und die Fischer standen dort während der Predigt oft im Regen. Deshalb wurde von 1806 bis 1816 eine kleine, hübsche Kapelle gebaut, oben auf dem Kliff, mit einem ungewöhnlichen, da achteckigen Grundriss – nach Entwürfen des berühmten Karl Friedrich Schinkel. Hier konnten die Fischer zum Gottesdienst gehen, ohne Gefahr zu laufen, den Hering zu verpassen: Denn sobald sich die Schwärme auf dem Meer zeigten, hielt der Pfarrer in seiner Predigt inne und die Fischer liefen zu ihren Kähnen.

Nicht mehr weit ist es von hier zum Burgwall der Jaromarsburg, dem früheren religiösen Zentrum der Slawen auf Rügen. Im Inneren der Festung lag der Arkona-Tempel mit einer

---

Hin & Weg: Mit dem Bus bis zur Haltestelle Drewoldke. Kurz vor der Bushaltestelle geht eine Nebenstraße rechts ab, ausgeschildert als Radweg nach Kap Arkona und Vitt Kapelle sowie als Europäischer Fernwanderweg E10.

Beste Zeit: Ganzjährig.

Dauer & Strecke: Gut 6 Std. und ca. 23 km hin und zurück.

Ausrüstung: Festes Schuhwerk, Proviant. Vielleicht ein kostbares Geschenk für das Orakel?

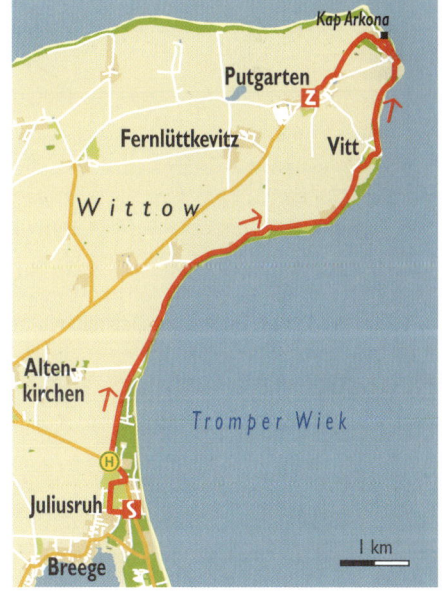

großen Holzstatue des Kriegsgottes Swantevit. Der hatte vier Köpfe, jeder schaute in eine andere Richtung. In der einen Hand trug er ein Schwert, in der anderen ein Trinkhorn. Man musste ein kostbares Geschenk dabeihaben, wollte man sein Orakel hören.

Als die Dänen Ende des 12. Jahrhunderts Rügen eroberten, zerstörten sie den Tempel und machten aus Swantevit Brennholz. Von der Burg ist heute nur noch der Wall zu sehen. Und das Orakel. Gehört wurde es aber schon lange nicht mehr.

FAZIT: EINE SPANNENDE TOUR AUF DEN SPUREN DER MANCHMAL ETWAS MYSTISCHEN VERGANGENHEIT, MEERBLICK INKLUSIVE.

LUST-WANDELN

≥ ... im Schlosspark von Putbus und weiter ≤

Ein Spaziergang durch den Schlosspark von Putbus mit seinen herrlichen Sichtachsen ist reines Lustwandeln. Und es ist ein Ausflug in die Geschichte – auf den Spuren von Fürst Wilhelm Malte I., der den Park einst nach seinem Geschmack gestalten ließ. Anschließend geht es von dort über Wreechen nach Lauterbach.

Nur die Terrassen samt Balustrade sind vom ehemals prächtigen weißen Schloss des Fürsten Malte erhalten geblieben. Die beiden alten Eichen (rechts) hätten sicher viel zu erzählen ...

Zwei knorrige alte Eichen stehen am Wegesrand, mit ausgehöhlten Stämmen, nur durch eine alte Steinbank getrennt. Man möchte sich hinsetzen und die flechtenbärtigen Methusaleme fragen, wie es damals war, als die Fürstenfamilie samt Gefolge an ihnen vorbeiging, vom Schloss zum Theater – und wieder zurück.

Das Theater, Baujahr 1819, gibt es noch, und es gilt bis heute als eines der schönsten des Nordens. Von hier aus schritt man schon damals über die Allee hinüber zum herrlichen Schlosspark im englischen Stil. Fürst Wilhelm Malte I. hat ihn geplant. Genauso wie das Theater, die Alleen und den Circus, jenes Ensemble aus 16 klassizistischen Gebäuden, akkurat im Kreis angelegt, einen Obelisken in der Mitte. Er liegt nicht weit von hier entfernt. Auch das Schloss, natürlich, entging nicht dem enthusiastischen Gestaltungswillen des Fürsten. Die aus einer Burg Anfang des 17. Jahrhunderts entstandene dreiflügelige Anlage ließ er im klassizistischen Stil umbauen. Leider kann man sie aber nicht mehr bewundern: In den 1960ern wurde sie gesprengt. Nur die ehemaligen Terrassen sind übrig, und im Gras weist ein Schild auf die Umrisse des früheren Fürstensitzes hin. Nach ein paar Schritten öffnet sich dem Flaneur ein schöner Blick auf den schilfumwucherten Schwanenteich und eine kleine Insel, zu der eine Brücke führt. Der ideale Platz für ein Picknick – und dabei etwas in der Geschichte schwelgen ...

Ursprünglich wurde der Park von Graf Moritz Ulrich I. als Lustgarten im französischen Stil angelegt, und zwar gut 100 Jahre bevor Fürst Wilhelm Malte I ihn umgestaltete. Die Sichtachsen und der Teich sowie die Rasenflächen und das Wildgehege gehen auf ihn zurück. Auch einige Exoten wie die Ginkgobäume oder die Mammut-Sequoiabäume aus Nordamerika ließ er hier einpflanzen. Von hier aus lässt sich weiter wandeln, hinüber in das idyllisch gelegene Dorf Wreechen: Nach einem kurzen Stück auf der Allee entlang beginnt auf der linken Seite ein schmaler asphaltierter Weg zwischen Straße und Feldern, Äckern und Wiesen, durch kleine Baumgruppen aufgelockert.

In Wreechen angekommen, reicht der Blick weit über den Bodden bis zur Insel Vilm. Von hier geht's an den gleichnamigen See und ein Stück am Ufer entlang, schließlich nach links, durch ein kleines Waldstück über das hübsche Dorf Neuendorf bis nach Lauterbach, wo der Fürst übrigens auch seine Spuren hinterließ. Doch das ist eine andere Geschichte (siehe Eskapade #30).

FAZIT: IM SCHATTEN ALTER BÄUME KANN MAN SO MANCH HEISSEN SOMMERTAG GUT ÜBERSTEHEN. UND PUTBUS IST OHNEHIN EINE REISE WERT.

Hin & Weg: Mit dem Bus oder dem Rasenden Roland bis Putbus und direkt vom Zentrum starten. Den Park am besten gegenüber vom Theater betreten. Zurück von Lauterbach entweder mit dem Bus (vom Hafen), dem Rasenden Roland oder der Regionalbahn von Lauterbach Mole (neben dem Hafen).

Beste Zeit: Ganzjährig, der Schlosspark ist zwischen 10 und 16 Uhr geöffnet.

Dauer & Strecke: Mind. 1,5 Std. und 6 km zu Fuß.

Ausrüstung: Bequeme Laufschuhe, Proviant.

FEUDALER TRIP

∋ ... zu den Herrenhäusern West-Rügens ∈

#38

Rügen ist überreich an Schätzen. Einer davon sind seine Schlösser und Herren-häuser aus unterschiedlichsten Epochen. Nach 1990 wurden viele liebevoll restau-riert und erstrahlen heute in ihrem alten Glanz. Eine Radtour auf den Spuren dieser feudalen Landsitze.

Mitten in einem englischen Landschaftsgarten mit Schwanenteich und kegelförmig gestutzten Eiben liegt das malerische Gut Boldevitz, erbaut um 1600. Zu besuchen ist ein Festsaal – und der wurde im 18. Jahrhundert neu tapeziert. Wie, das sei nichts Besonderes? Doch, denn die Tapeten stammen vom berühmten Landschaftsmaler Jakob Philipp Hackert – heute können sich Hochzeitspaare in dem Saal trauen lassen.

Von Boldevitz geht es Richtung Ramitz, über die Hauptstraße L 301 zwischen Bergen und Kluis, weiter bis Ramitz und von dort zur Straße Nr. 6 Richtung Bubkevitz. Vor Bubkevitz biegt man aber rechts ab auf Straße Nr. 7, bis es links, der Ausschilderung Am Park folgend, nach Gut Kartzitz geht. Das Gutshaus und die

zwei Kavaliershäuschen stammen aus der Mitte des 18. Jahrhunderts. Die Parkanlage war einmal prunkvoll barock, wurde aber um 1800 umgestaltet, im Stil eines englischen Landschaftsgartens: Weite und Natürlichkeit waren das Credo der Zeit.

Von dort nimmt man den Weg zurück bis zur Straße Nr. 6 Richtung Bubkevitz und Rappin, in die man rechts einbiegt. Ihr ein Stück folgen, bis es links via Helle nach Gut Tribbevitz geht. Das ehemalige Rittergut gehörte mehr als 500 Jahre lang dem rügenschen Adelsgeschlecht von Normann. Auf den umliegenden Koppeln weiden edle Pferde aus der eigenen Trakehnerzucht. Von hier radelt man weiter Richtung Neuenkirchen, an der Kreuzung zur Straße Nr. 5 biegt man rechts in die Dorfstra-

Landsitze und Rittergüter wie Gut Tribbevitz spiegeln die feudale Geschichte von Rügen. Heute bieten die meisten dieser Herrschaftshäuser Unterkünfte für Feriengäste an.

ße nach Laase ein. Dahinter führt eine Brücke über den Lebbiner Bodden auf die Halbinsel Liddow, wo sich das gleichnamige Rittergut befindet. Zeitweise war es ebenfalls im Besitz der Familie von Normann; heute ist es vor allem aus der TV-Serie »Hallo Robbie!« bekannt. Letzteres gilt auch für das am Lebbiner Bodden gelegene Gut Grubnow, ein weiteres Etappenziel.

Zunächst geht es aber über die Brücke zurück nach Laase und dort in die Straße Laase Richtung Sylvin – aber nicht in den Ort, sondern weiterfahren bis zur Hauptstraße Nr. 5 zwischen Neuenkirchen und Vieregge. Dort links abbiegen, für einen kleinen Abstecher nach Neuenkirchen – in der gotischen Backsteinkirche, wo die älteste Glocke Rügens läutet.

Stärkung gefällig? Das rustikale Wirtshaus Neuenkirchen (www.wirtshausneuenkirchen.com) mitten im Ort ist ideal.

Anschließend geht es wieder auf die Straße Nr. 5 Richtung Vieregge, bis rechts ein Weg nach Gut Grubnow abzweigt. Ein großer Garten umgibt das Gebäude (um 1920), zu dem auch ein eigenes Waldstück gehört. Von Grubnow auf demselben Weg zurück bis zur Straße Nr. 5 radeln, dann rechts Richtung Vieregge, mit dem gleichnamigen Gut. Der mehr als 150 Jahre alte Backsteinbau liegt in einem großen Garten mit Obst- und Nussbäumen. Von dort ist man nach ein paar hundert Metern am Breetzer Bodden und lässt die Tour im Hafen von Vieregge am besten mit Blick aufs Wasser ausklingen.

> **FAZIT: ZURÜCK IN DIE VERGANGENHEIT RÜGENS, ALS DIE LANDWIRTSCHAFT AUF DER INSEL NEBEN DER FISCHEREI NOCH EINE PRÄGENDE ROLLE SPIELTE – EHE DER BÄDERTOURISMUS DIE INSEL EROBERTE.**

Hin & Weg: Von Bergen mit Buslinie 33, 35 oder 38 bis zur Haltestelle Ramitz Hof (oder Boldevitz Hof). Zurück von Vieregge über Silenz zur Bushaltestelle Abzweig Silenz (an der L 30).

Beste Zeit: Frühjahr–Herbst.

Dauer & Strecke: Halber bis ganzer Tag. 38 km mit dem Rad. Auf vielen der Gutshöfe kann man auch übernachten.

Ausrüstung: Fahrrad, Verpflegung.

WAS FÜR EIN AUSBLICK!

≥ ... von Göhren nach Alt-Reddevitz ≤

#39

Auf Mönchgut ist man Meister im Bewahren: von Traditionen und Trachten, von den Eigenheiten der Einwohner (man sagt, sie seien etwas stur), vor allem aber von ursprünglichen Landschaften. Deshalb kann man hier auch wunderbar wandern. Eine Tour vom Nordperd in Göhren über Lobbe und Middelhagen bis nach Alt-Reddevitz.

Vom Nordperd (ganz oben) genießt man einen weiten Blick über die Ostsee. Das lässt sich auch mit einer Brotzeit am höchsten Punkt der Landzunge verbinden (rechts). Vom Wald geht es dann direkt ans Wasser (links).

Diesen Ausblick darf man nicht verpassen: Über den Göhrener Nordstrand schweift der Blick, streift die Seebrücke, die hier hinter dem Kurpark über das Meer führt, um dann am Horizont zu verweilen, wo sich die Kreidefelsen vor dem Himmel abzeichnen. Der Aufstieg auf das Nordperd in Göhren, den östlichsten Zipfel Rügens, hat sich schon gelohnt, kaum dass man oben angekommen ist.

Weiter geht es auf dem Hochuferweg, der sich durch einen dichten Buchenwald schlängelt. Auffallend viele Bäume sind bis in die Wipfel hinein mit Efeu überwuchert – ein bisschen fühlt man sich wie im Dschungel, würde da nicht linker Hand das Blau der Ostsee durch den Wald schimmern. Am Ende des Nordperd wartet der mit 60 Metern höchstgelegene

Aussichtspunkt noch mal mit herrlichen Ausblicken – Richtung Süden diesmal, hinunter auf die Halbinsel Mönchgut. Sogar Usedom kann man von hier aus erkennen.

An der Hövtstraße endet das Naturschutzgebiet. Jetzt einfach der Straße etwa 200 Meter folgen und links in den Salzweg abbiegen, hinunter zum Südstrand von Göhren. Dort kann man direkt am Wasser durch den Sand bis zur Schwedenbrücke gehen, dem alten Landungssteg von 1813. Damals gehörte Rügen zum schwedischen Königreich, und die Skandinavier schickten ihre Soldaten samt Ausrüstung per Schiff bis zur Insel und von dort weiter in den Kampf gegen Napoleon. Hier am Südstrand von Göhren sollte man eine Rast machen und sein Picknick genießen, vielleicht kurz ins Wasser springen. Anschließend geht es weiter Richtung Lobbe, der Wanderweg ist ausgeschildert, und von dort nach Middelhagen.

Auf dem Weg dorthin fühlt man sich plötzlich ein bisschen wie im wilden Westen: Dafür sorgt das Windschöpfwerk, ein technisches Denkmal vom Beginn des letzten Jahrhunderts und seiner Bauart wegen auch Western-Windmühle genannt. Doch keine Cowboys prägten die Region, es waren – wie der Name schon sagt – Mönche. Vor etwa 700 Jahren kultivierten die Zisterzienser des Klosters Eldena die gesamte Halbinsel und verpassten dem Hauptort Middelhagen eine Kirche, ein paar Backsteinhäuser und etwas später das Selbstgebraute, das man heute noch im Gasthaus Zur Linde – angeblich dem ältesten der Insel – bestellen kann.

Von Middelhagen geht es weiter nach Alt Reddevitz, einem Fischerdorf mit 150 Einwohnern, hübschen reetgedeckten Häusern, charmanten Holzkähnen und einem urigen Gasthof in einer Scheune. Nachdem man hier ein bisschen umhergewandelt ist, läuft man an dem kleinen Kreisverkehr Richtung Wasser. Ahoi Marie heißt eine kleine Anlage mit Ferienwohnungen und einem malerisch gelegenen Imbiss mit Meerblick. Mit einem Fischbrötchen auf den kleinen Steg setzen und die müden Beine baumeln lassen – was gibt es Besseres nach einer Wanderung?

FAZIT: WANDERN AM WASSER ENTLANG, DABEI DEN NORDEN VON MÖNCHGUT ENTDECKEN – UND AB UND AN INS WASSER SPRINGEN. EINE ENTSPANNTE TOUR, AUCH FÜR FAMILIEN GEEIGNET.

Hin & Weg: Mit dem Bus nach Göhren. Vom Ortszentrum (Haus des Gastes / Touristeninfo) zur Strandpromenade hinabgehen und nach rechts wenden (die Seebrücke im Rücken). Am Ende, hinter dem Strandhaus, beginnt ein Weg, der durch eine Schlucht steil nach oben führt: der Einstieg in das Waldgebiet Nordperd. Nach der Wanderung zurück ab Alt-Reddevitz mit dem Bus.

Beste Zeit: März–Oktober.

Dauer & Strecke: 5 Std. Um das Nordperd sind es ca. 5 km, von Göhren nach Alt Reddevitz ca. 7 km, insgesamt etwa 19 km.

Ausrüstung: Laufschuhe, Verpflegung, Badesachen.

167

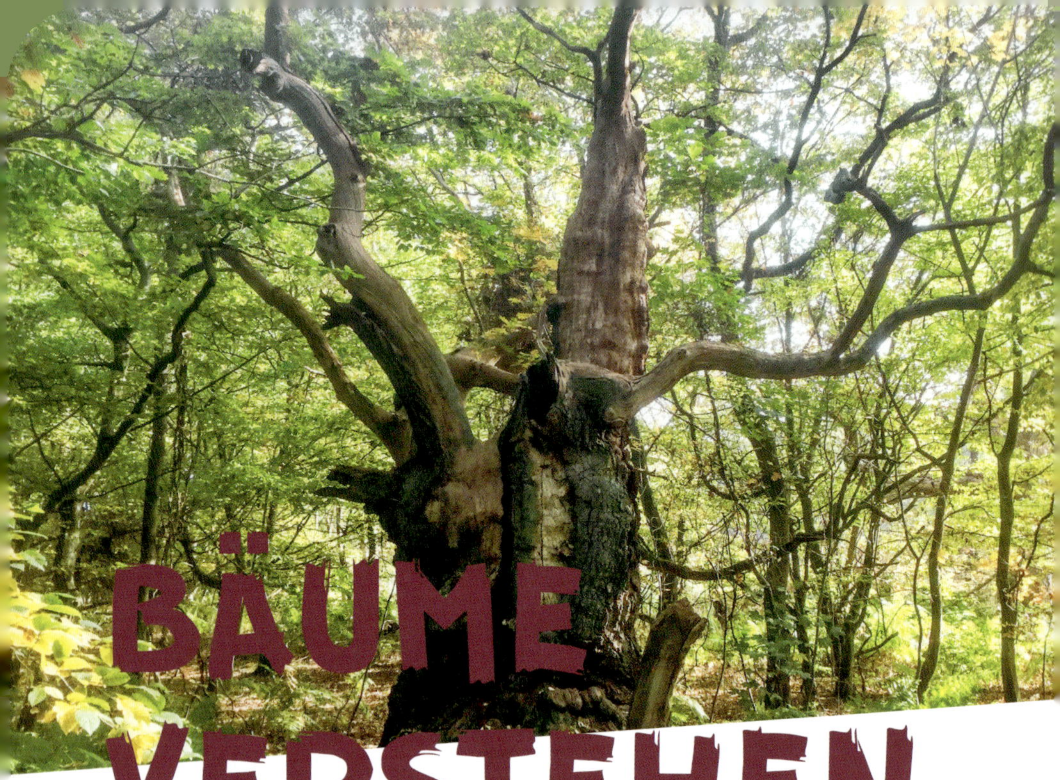

BÄUME VERSTEHEN

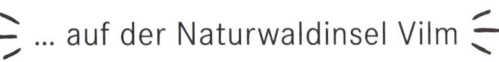

... auf der Naturwaldinsel Vilm

#40

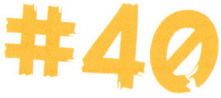

Wer das streng geschützte Eiland im Rügischen Bodden kennenlernen möchte, das seit Anfang des 19. Jahrhunderts auch Künstler in seinen Bann zieht, muss sich zu einer Führung anmelden. Aber es lohnt sich: Nur wenige Waldgebiete in Mitteleuropa sind so lange von der Forstwirtschaft verschont geblieben.

#EichenamMeer #wieaufeinemGemälde #unberührteNatur #reicheFlora&Fauna

Urwüchsiger Wald, Baumveteranen und Wasservögel – auf der Insel Vilm gehört das zusammen.

Vom Hafen Lauterbach geht die Fahrt mit dem kleinen Schiff MS Julchen über den Bodden, schon eine Viertelstunde später legt es in Vilm an. Genauer: Am Großen Vilm. Außer dieser Insel gibt es noch den Mittel- und den Kleinen Vilm, die allerdings nicht betreten werden dürfen, weil der Wald hier sich selbst überlassen ist. Dafür bietet der Große Vilm Wald,

Gebüsch, Grasland, mit Röhricht bewachsene Sümpfe, Steilufer und Blockstrand.

Aus der Vogelperspektive betrachtet erinnert die zweieinhalb Kilometer lange Insel entfernt an einen Hundeknochen. »Die höchste Erhebung beträgt fast 38 Meter«, erklärt Andreas Kuhfuß, einer der beiden Inselführer, und fügt

Aus der Zeit erzählt der Inselführer einige Anekdoten, zum Beispiel vom »lila Drachen« in Haus 2 und von der Sauna mitten im Wald. Die Gästehäuser sind bis heute erhalten und dienen Teilnehmern der Internationalen Naturschutzakademie als Unterkunft - sowie Fledermäusen, die in den Gauben des Rohrdaches hausen.

Früher wurde das Vieh zur Futtersuche in den Wald getrieben, davon zeugen bizarr geformte Eichen, die schon mehrere hundert Jahre alt sind. Darunter haben Hainbuchen eine zweite Baumschicht gebildet, ihnen folgen Sprösslinge von Bergahorn und Rotbuche, die den Wald auf Vilm in einen natürlichen Buchenmischwald umformen werden. Die bereits vorhandenen mächtigen Buchen sind schätzungsweise 250 bis 300 Jahre alt, eine sogar 350. In Baumhöhlen brüten Waldkauz und Gänsesäger, am Steilufer nisten Brandgans und Uferschwalbe. Auch Seeadler haben auf Vilm ihre Horste errichtet. Etwa 20 Rehe führen hier ein sorgenfreies Leben, zumal die letzten drei Füchse der Insel - ein Männchen und seine beiden Söhne - naturgemäß ein Auslaufmodell sind.

trocken hinzu: »Das lässt unsere Gäste aus Österreich und der Schweiz regelmäßig erbleichen, wenn sie das hören.«

Mit rund 500 Pflanzenarten sei die Flora dieses Kleinods in der Ostsee erstaunlich reichhaltig; im Frühjahr rollt der Lerchensporn seinen Blütenteppich im Wald aus, am Strand gedeihen Tatarenlattich, Strandmiere und Stranddistel, und in den Salzwiesen Natternzungenfarn und Milchkraut.

Dabei war die Insel lange Zeit auch besiedelt, erst von Mönchen, später von Meiern. Es gab eine Kapelle - heute markiert ein Holzkreuz ihren Standort - und ein Gehöft. 1936 wurde Vilm unter Naturschutz gestellt; ab 1959 umwehte sie der Nimbus des Geheimnisvollen: als Feriendomizil des DDR-Ministerrates.

Caspar David Friedrich hat die Schönheit der Insel Rügen in verschiedenen Gemälden verewigt, darunter »Landschaft mit Regenbogen«

Hin & Weg: Ab Lauterbach Hafen mit der MS Julchen. Anmeldung bei der Fahrgastreederei Lenz obligatorisch: www.vilmexkursion.de (max. 30 Personen pro Exkursion).

Beste Zeit: März-Oktober (Exkursionen gibt's in diesem Zeitraum täglich).

Dauer & Strecke: 3 Std. (10-13 Uhr). Bei Bedarf gibt es eine zweite Führung um 13.30 Uhr. Ca. 3 km zu Fuß.

Ausrüstung: Festes Schuhwerk.

Schafe sorgen dafür, dass die Wiese nicht zum Wald wird. Ansonsten bleibt die Insel dem Wildwuchs überlassen.

(um 1810), das den Rügischen Bodden mit der Insel Vilm zeigt. Er animierte seinen Kollegen Carl Gustav Carus zu einer Rügen-Reise, die diesen auch nach Vilm führte.

Dass Carus dieser Besuch berührt hat, davon zeugen sowohl schriftliche Dokumente als auch sein romantisches Gemälde »Eichen am Meer« (1835). Auch heute sieht man manchmal einen Künstler in beiger Tarnkleidung still und in sich versunken im Gestrüpp sitzen – mit einem Skizzenblock in der Hand. Er hat eine Sondergenehmigung. Die Magie dieses Ortes für Maler scheint kaum gebrochen, was sicher auch auf die strikte Limitierung der Besucherzahlen zurückzuführen ist. Nur vier Worte braucht es, um die Eindrücke des heutigen Besuchers auf den Punkt zu bringen, ganz einfach und ohne künstlerische Ambitionen: »Ist das herrlich hier!«

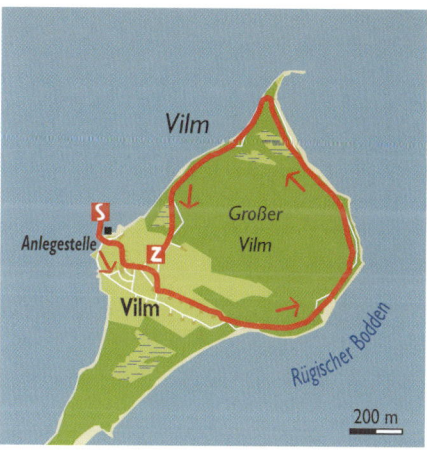

IM BERNSTEIN-FIEBER

 ... am Strand von Binz

#41

Über einen kräftigen Sturm kann man sich im Herbst und Winter freuen: Denn danach stehen die Chancen gut, am Strand Bernstein zu finden. Und gibt es ein schöneres Souvenir als ein selbstgefundener Bernstein, der ausschaut, als wäre ein winziger Sonnenstrahl in Harz gefangen?

Sie kauern im Sand, den Blick auf ein Knäuel Tang geheftet und stochern so emsig mit kleinen Stöckchen darin herum, als hätten sie etwas sehr Kostbares darin verloren. Tatsächlich geht es den Spaziergängern, die hier in die Knie gehen, um etwas Wertvolles – Bernstein!

Der Schmuckstein aus fossilem Harz mit dem stattlichen Alter von mehreren Millionen Jahren soll allerlei Heilkräfte haben. So glaubt man etwa heute noch, dass er Babys beim Zahnen hilft. Doch ihn zu finden ist nicht leicht. Im Sommer schon mal gar nicht: Im warmen Wasser ist Bernstein vergleichsweise schwer und liegt am Meeresgrund. Bei etwa vier Grad Wassertemperatur kommt er erst in Bewegung – also im Herbst und Winter. Wenn es dann kräftig stürmt und der Wind genau

von dort kommt, wo der Strand hinzeigt, wirbeln die Wellen den Bernstein vom Meeresgrund auf und spülen ihn ans Ufer. Also bei Ostwind an einem der Oststränder (wie etwa Binz) suchen, bei Westwind an den Weststränden (etwa Hiddensee).

Dann muss man nur noch sehr genau hinschauen – und zwar im Angespülten, jenen kleinen Ansammlungen von Holzstöckchen, Tang und Muschelresten. Denn Bernstein liegt nicht einfach so am Strand herum. Man muss ihn erst freilegen. Also runter auf die Knie und den Tang seziert. Es dauert oft gar nicht lange, dann hat man den ersten Bernstein gefunden. Allerdings ist er winzig, kaum größer als ein Stecknadelkopf! Dafür ist der Ehrgeiz jetzt umso größer. Ein Tangknäuel

Runter auf die Knie und den Tang seziert! Die Mühe lohnt sich – auch wenn der Fund winzig ist.

nach dem nächsten wird emsig inspiziert und auseinandergenommen – derweil man sich ausmalt, was man mit einem größeren Fund anstellen könnte. Schleifen, zum Beispiel (mit wasserfestem Schleifpapier, etwas Wasser und einem Lappen mit Zahnpasta zum Nachpolieren), und beim Juwelier dann ein Loch für die Kette bohren lassen.

Wer Größeres vorhat, lässt sich einfach im Laden des Bernsteinfischers Finbarr Corrigan in der Paulstraße in Binz inspirieren. Der hat schon fast alles aus Bernstein gemacht, was sich mit dem weichen Stein anstellen lässt. Und auch von seiner Methode, den Bernstein zu finden, kann man lernen. Der Bernsteinfischer geht nämlich mit Gummihosen und Käscher ins Wasser. Denn nur fünf Prozent aller Bernsteine werden tatsächlich an Land gespült. Wer es ihm nachmachen will, kauft am besten gleich in einem der Spielwarenläden auf der Hauptstraße einen Käscher für Kinderhände – denn der reicht durchaus – und watet damit das Wasser ab. Vielleicht klappt's

dann auch mit dem Bernstein. Übrigens: Die Kurverwaltung Binz organisiert kostenlose Bernstein-Touren mit anschließender Nachbearbeitung der Funde (Termine gibt's im Haus des Gastes).

FAZIT: EINE BERNSTEINSUCHE IST IMMER SPANNEND – MAN WEISS NIE, OB UND WIE VIELE FUNDSTÜCKE MAN HEIMBRINGT. SPASS MACHT ES AUF ALLE FÄLLE!

Hin & Weg: Mit Bus oder Bahn nach Binz, von dort zu Fuß an den hinteren Teil des Strandes, den Naturstrand vor dem Eingang zur Granitz.

Beste Zeit: Herbst, Winter, Frühjahr.

Dauer & Strecke: Je nach Kondition, Ehrgeiz und Finderglück 4–6 Std. (inklusive Nachbearbeitung). Abgelaufener Raum: ca. 1 km.

Ausrüstung: Stöckchen, Käscher, Beutel für die Funde, evtl. verschraubbares Glas mit Salzwasserlösung für einen Echtheitstest: echter Bernstein schwimmt oben.

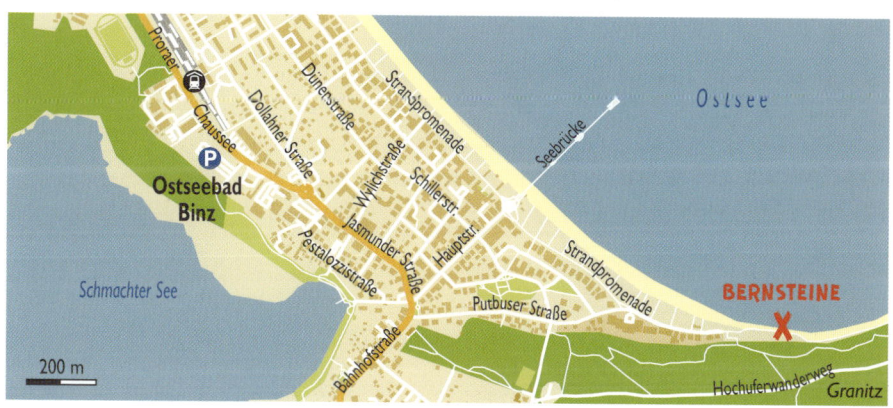

3. KAPITEL
MINIURLAUB

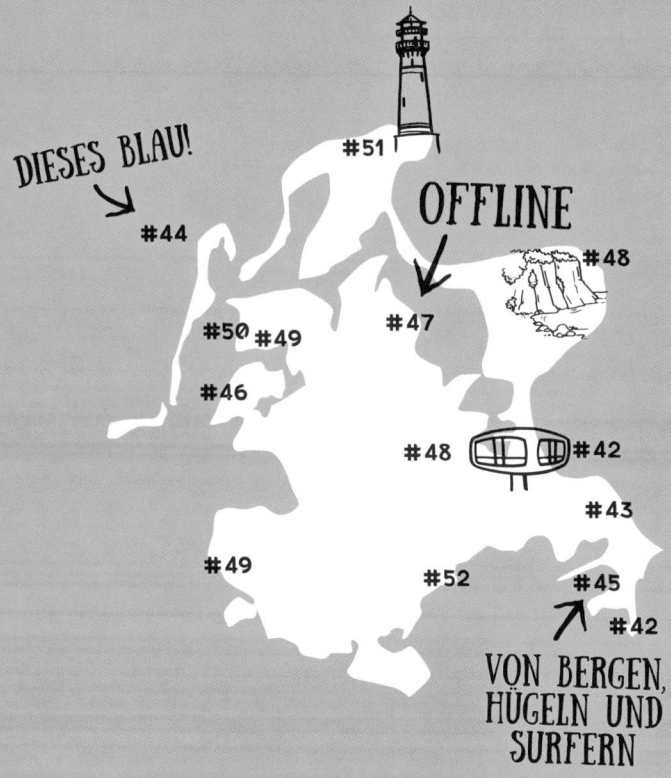

DIESES BLAU!

#44

OFFLINE

#51

#48

#47

#50 #49

#46

#48 #42

#43

#49

#52 #45

#42

VON BERGEN,
HÜGELN UND
SURFERN

Ferien für ein Wochenende

Wasser, Berge, unendliches Grün - was braucht es mehr für ein Wochenendabenteuer? Nur allzu oft vergessen wir, welch wunderbar wilde Natur es direkt ums Eck gibt.

36 H

VON STRANDKORB ZU STRANDKORB

⊰ … zwischen Thiessow und Juliusruh ⊱

#42

Strandkörbe sind mehr als Schatten-spender am Strand: Sie sind Kulturgut, Fotomotiv und – typisch deutsch. Diese Tour per Rad und Bus führt mitten ins touristische Getümmel und zu den schönsten und originellsten Strandkörben der Insel. Übernachtet wird – natürlich – im Strandkorb.

Bartelmann: Im Jahr 1882 stand der erste Strandkorb im Sand von Warnemünde. Und gilt seitdem als typisch deutsch – im Ausland konnte sich der Zweisitzer kaum durchsetzen.

Weiter geht's durch herrliche Wälder über Göhren und Baabe nach Sellin, wo die jungen Hoteliers vom Strandhotel Lindequist eine ganz besondere Unterkunft bieten: Aus zwei Strandkörben wurde ein romantisches Schlaflager direkt auf dem Strand. Bei Meeresrauschen einschlafen – schöner geht es nicht. Nach dem Aufwachen dann direkt ins Wasser, anschließend Frühstück und weiter Richtung Sellin. Hier tun die Strandkörbe unter der wohl schönsten Seebrücke der Insel alles, um stilistisch nicht aus dem Rahmen zu fallen. Weiß und braun sind sie, so wie der Pavillon auf der Seebrücke, die für viele die schönste der Ostsee ist. Akkurat aufgereiht stehen die Körbe im Sand, wie bei einer Parade, um der Königin zu huldigen. Dann weiter durch die schöne Granitz, Rügens größtes zusammenhängendes Waldgebiet, und nach Binz, wo unterhalb der Seebrücke Kulturen aufeinandertreffen. Genauer: brasilianische Cocktails auf deutsche Strandkörbe, die hier passend in gelb und grün lackiert sind, den Nationalfarben der Caipirinha-Erfinder. An der Bar Brasiliero gibt es zudem sehr passable Pommes.

Wer im Strandkorb sitzt, hat einen ganz bestimmten, sehr eingeschränkten Blick auf die Welt: Er sieht vom Strand nur einen Ausschnitt, einer Bühne gleich. Badende werden zu Protagonisten. Strandspaziergänger treten unwissentlich auf und wieder ab. Und das Bühnenbild – kein Kulissenbauer dieser Welt hätte es besser machen können.

Man könnte ewig so sitzen, hier, in den südlichsten Strandkörben Rügens am Strand von Thiessow. Doch es ist erst der Anfang der Tour. Also aufs Rad geschwungen und den herrlichen Waldweg entlang, der zwischen Düne und dem kleinen Küstenwäldchen nach Norden führt. Beim Restaurant Dat Stranddörp in Lobbe rechts runter ans Wasser zu den knallroten Strandkörben, die hier ein bisschen so tun, als hätte sich der Strand etwas Lippenstift gegönnt. Erfunden wurde das Sitzmöbel übrigens nur wenige Kilometer westlich von Rügen von Korbmachermeister Wilhelm

Ab Binz weiter mit dem Bus nach Glowe, wo ein Radweg über die Schaabe und dann zu ganz besonderen Strandkörben führt: Sie heißen etwa »Jana«, »Tristan« oder »Conny«, so steht es auf dem Rücken geschrieben. Womöglich ist der eigene Vorname dabei. Falls nicht, vielleicht einfach im »Romeo« Platz nehmen, sich zurücklehnen und die Fortsetzung des Stücks betrachten, das tags zuvor am Strand von Thiessow begann. Nur sorgt jetzt das Kap Arkona für eine ganz besondere Kulisse.

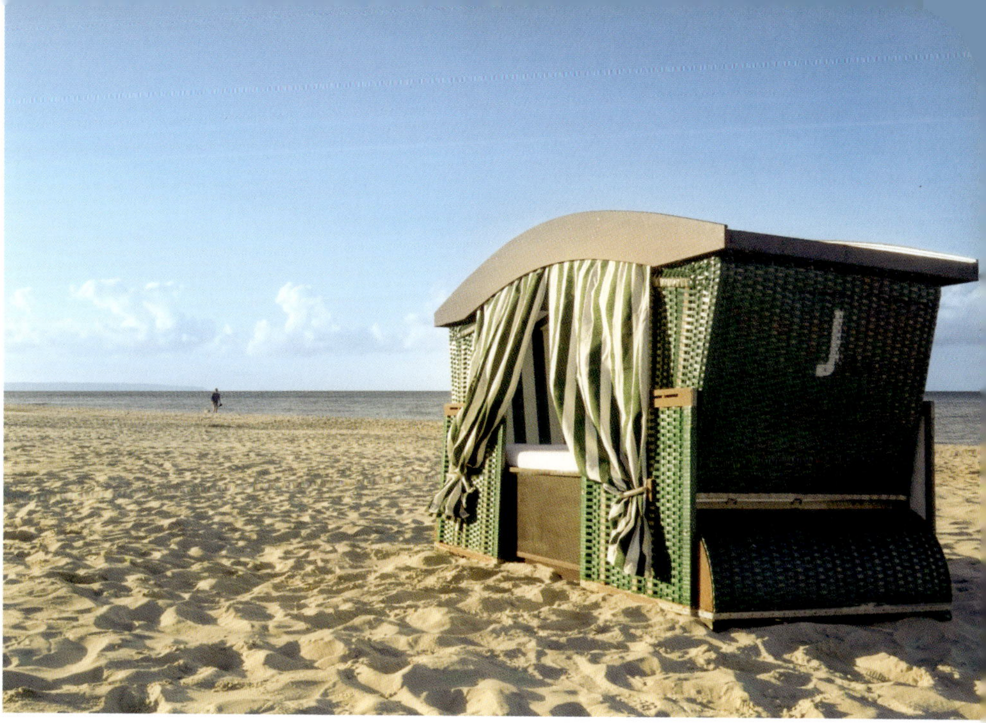

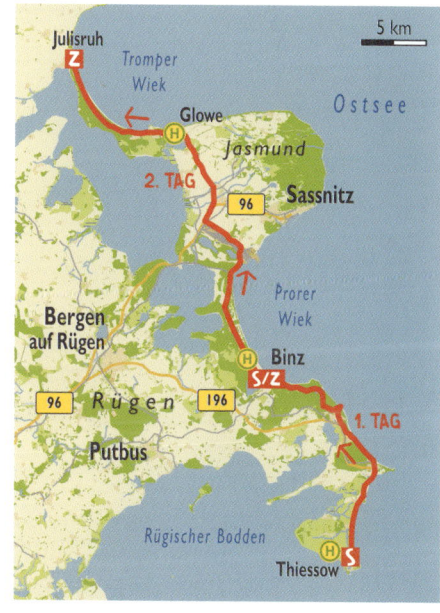

Strandkorbvariationen: in den Farben Brasiliens in Binz, mit Vornamen verziert in Juliusruh und zum Schlafen in Sellin.

FAZIT: STRANDKÖRBE SIND FÜR GEWÖHNLICH ZUM FAULENZEN UND ENTSPANNEN DA. AUF DIESER TOUR WERDEN SIE GANZ AKTIV ERFAHREN.

Hin & Weg: Nach Thiessow mit dem Bus, dann weiter mit dem Rad, am zweiten Tag von Binz nach Glowe mit dem Bus.

Beste Zeit: Sommer

Dauer & Strecke: Zwei Tage. Am ersten Tag geht's etwa 12 km mit dem Rad, am zweiten Tag werden insgesamt 20 km zurückgelegt.

Ausstattung: Fahrrad, Badesachen, Strandkorb-Lektüre.

Wenn es Nacht wird: Natürlich im Schlafstrandkorb des Strandhotels Lindequist am Strand von Sellin (www.strandhotel-lindequist.de).

UFOS SICHTEN

 … quer über die Insel

Er sieht aus, als hätten ihn Außerirdische in den Dünen abgesetzt: der Rettungsturm in Binz, das wohl bekannteste Werk von Bauingenieur Ulrich Müther auf Rügen. Doch der Binzer »Schalenbaumeister« hat der Insel noch viele weitere fantastische Bauten geschenkt. Eine Tour zu Ufos und architektonischen Schätzen. Per Rad und Bus.

#galaktisch #AliensaufRügen #Kunsttour #Betonfalten

Eine gigantische Taucherglocke? Ein Wiesen-bovist, der eben besonders riesig geraten ist? Oder handelt es sich bei der komischen Kugel mit Guckaugen gar um eine Hinterlassenschaft erdfremder Wesen? So viel steht fest: Die Bushaltestelle in Buschvitz, dem winzigen Dorf nordwestlich der Inselhauptstadt Bergen, füttert die Fantasie, sobald sie nach der Straßenbiegung ins Blickfeld gerät. Dabei sollte sie einst vor allem eines sein: der Prototyp für eine neue Art Buswartehäuschen. Die Konstruktion: Schalenbau, auf den sich Ulrich Müther seit den 1960er-Jahren spezialisiert hatte. Doch das Ergebnis konnte weder ästhetisch noch ökonomisch überzeugen: Das Modell blieb ein Unikat. Und wurde Anlaufpunkt für begeisterte Müther-Fans und verwirrte Ufologen.

Zurück in Bergen (per Bus oder zu Fuß über den Rugard) geht's weiter nach Baabe, wo ein verglaster Pavillon im Kurpark seine hübsche trichterförmige Verschalung im Inneren versteckt – hinter Deko und Jalousien. Ist der Laden offen, dann unbedingt reingehen. Oder durch die Fenster lugen. Wenige Schritte weiter zieht das »Inselparadies«, einst Vorzeigeobjekt der DDR und legendäre Disco, an der Promenade alle Blicke auf sich. Wer hier im Obergeschoss beim Italiener Platz nimmt, dürfte aber zunächst kein Auge haben für architektonische Details: Denn hinter der Glasfassade liegt das weite Meer in seiner ganzen Schönheit.

Am nächsten Tag geht's von Baabe mit dem Rad nach Binz, dem Wallfahrtsort für Müther-Fans.

Müther überall: Die Bushaltestelle in Buschvitz (links oben) und die Ostseeperle in Glowe (links unten).
Daneben: Der ehemalige Rettungsturm in Binz.

Hier wurde er 1934 geboren, hier ist er 2007 gestorben. Und hier steht auch der berühmteste Müther-Bau, der schöne Rettungsturm in den Dünen. Auf dem Platz mit der Gedenktafel kann man wunderbar den Blick auf das »Ufo« hinter den Bäumen genießen.

Nächste Station ist die Jasmunder Straße, wo Müther am Kreisverkehr eine kleine Bushaltestelle mit einem filigranen Dach überspannte. Ein Strandspaziergang führt nach Prora, vorbei am vier Kilometer langen Monsterbau der Nazis, gegen den die filigranen Werke des Binzers wirken wie der Flügelschlag einer Friedenstaube.

Schnell weiter, nach Sassnitz. Von der Altstadt an den Strand und zum Musikpavillon im Kurpark, der im Volksmund aufgrund seiner Form schlicht »Kurmuschel« genannt wird. Was für eine Bühne! Man wäre plötzlich so gern ein Kurkonzert-Dirigent und stünde stundenlang in dieser herrlichen Kulisse.

Mit dem Bus geht's dann von Sassnitz nach Glowe, von der Muschel zur Perle. Genauer, der »Ostseeperle«, Baujahr 1968, heute wie damals Café und Restaurant (www.ostsee-perle-hotel.de). Hinter der vollverglasten Front wird unter anderem Eis aus eigener Herstellung serviert.

> **FAZIT:** ULRICH MÜTHERS SCHWUNGVOLLE, NUR WENIGE ZENTIMETER DÜNNE DACH-KONSTRUKTIONEN BEGEISTERN DEN BETRACHTER. EINE SPANNENDE TOUR, NICHT NUR FÜR ARCHITEKTURFANS.

Hin & Weg: Von Bergen nach Buschvitz (per Rad, Bus oder zu Fuß), zurück nach Bergen, mit dem Bus nach Baabe. Am zweiten Tag mit dem Rad bis Sassnitz, von dort mit dem Bus nach Glowe, zurück nach Bergen per Bus. (Das Fahrrad kann in den Radzfatz-Bussen mit Fahrradanhänger mitgenommen werden.)

Beste Zeit: Von Mai bis Oktober verkehren die Fahrradbusse.

Dauer & Strecke: 2–3 Std. am ersten Tag, etwa 10 km Wanderung/Radtour. Am zweiten Tag ca. 4 Std. bzw. 25 km Fahrradtour, für die Busfahrt nach Glowe und Rückfahrt nach Bergen: ca. 4 Std.

Ausrüstung: Fahrrad, Kamera.

Wenn es Nacht wird: Am besten im Cliff Hotel in Sellin einchecken, denn in der hiesigen Schwimmhalle gibt es mit dem asymmetrischen Trichterdach ein weiteres Müther-Werk zu erleben – und zwar ganz entspannt von der Badeliege aus (www.cliff-hotel.de).

URLAUB VOM STAU

 ... auf Hiddensee

#44

Im Sommer sind auf Rügen nicht nur die Strände voll, sondern vor allem die Straßen. Selbst wer nicht mit dem Auto anreist, ist irgendwann genervt: ob im Bus oder als Radfahrer, der durch Abgaswolken radeln muss. Also ab nach Hiddensee! Hier gibt es keine Autos. Dafür eine Landschaft von ganz besonderem Reiz.

#Inselhopping #autofrei #WandernmitAusblick #BadenamTraumstrand

Wer auf den Leuchtturm auf dem Dornbusch rauf möchte, muss 102 Stufen nehmen.

Der Leuchtturm ist das Erste, was Hiddensee dem Besucher zeigt, der sich mit der Fähre der Insel nähert. Da links steht er, im Norden der Insel, winzig aus der Entfernung, doch lässt er seine wahre Größe bereits erahnen. Das zweite sind die Kutschen, die am Fähranleger auf die Passagiere warten. Wer in Vitte ein Quartier hat, bedauert an dieser Stelle beinahe, keine PS zu benötigen.

Die erste Tour führt in eine Landschaft, mit der man überhaupt nicht gerechnet hat: Ein lila Meer breitet sich vor einem aus, und man möchte sich ungläubig die Augen reiben. Man hat ja vieles erwartet auf dieser Insel: unendlich lange Traumstrände, romantische Steil-

küste, plattes Land mit weiter Sicht – aber nicht unbedingt eine großflächige Heidelandschaft. Tatsächlich erstreckt sich hier in der Inselmitte eine der letzten großen Küstenheiden, 75 Hektar groß, seit 1964 unter Schutz. Hier könnte man ewig herumlaufen.

Zurück nach Vitte geht es am Strand entlang, eine weitere, wenngleich erwartete Traumlandschaft. Mit etwas Fantasie ähnelt die Form der Insel einem Seepferdchen, nun läuft man dem Tierchen quasi den Rücken hoch, während man den Blick kaum vom Wasser lösen kann. Dieses Blau! Diese Weite! Es ist zu verführerisch. Also eine Pause einlegen, im warmen Sand rasten, ins Meer laufen. Die

Muschelbrötchen zum Frühstück, Glücksbringer direkt vom Huf, und abends der untergehenden Sonne entgegenschwimmen – was braucht man mehr, um glücklich zu sein?

Sonne trocknet das Wasser auf der Haut. Augen schließen. Genießen. Irgendwann weiterlaufen, geradeaus, immer weiter. Das Grüne dahinten, der Dornbusch, wird Wanderziel für den nächsten Tag.

Am Morgen also weiter Richtung Norden. Man kann auf der Straße laufen und muss nur ab und an einer Kutsche weichen. Das Nationalparkhaus Hiddensee liegt direkt auf dem Weg und sollte kurz besucht werden. Auch am Haus von Stummfilmstar Asta Nielsen, wegen seiner runden Optik von der einstigen Hausherrin liebevoll »Karusel« (Dänisch für Karussell) genannt, kommt man fast vorbei, man muss nur einen kleinen Schlenker machen. Weiter dann bis Kloster, dem nördlichsten Inselort. Und von dort hoch auf den Dornbusch.

Wieder so eine traumhafte Landschaft: Ein Hochuferweg führt über die Steilküste zum Klausner, dem legendären Restaurant. Doch es wird dauern, bis man dort ist. Zu oft muss man innehalten, staunen – und Fotos machen. Vom Meer, den Bäumen, von der steilen Treppe, die schließlich zum Klausner führt.

Nach der Rast geht es weiter zum Leuchtturm. Es ist der, den man schon von der Fähre aus gesehen hat. Jetzt steht man davor, und allein der Anblick ist beeindruckend. Nicht ohne Grund ist der Turm Wahrzeichen und liebstes Fotomotiv der Insel. Doch am besten läuft man hoch – und genießt den Ausblick. Auf Hiddensee, auf das Meer. Auch die Fähre kann man von hier oben sehen, die einen viel zu früh, wie man jetzt findet, wieder zurückbringt auf die große Insel.

Hin & Weg: Mit der Fähre ab Schaprode, Wiek, Dranske Zingst oder Breege nach Vitte auf Hiddensee.

Beste Zeit: August/September, wenn die Heide blüht.

Dauer & Strecke: Fährfahrt je ca. 1 Std., Tour am ersten Tag mit Badestopp 3–4 Std. und ca. 7 km zu Fuß, Tour am zweiten Tag ca. 5–6 Std. und ca. 10 km zu Fuß.

Ausstattung: Festes Schuhwerk für die Wanderungen, Badesachen für den Strand.

Wenn es Nacht wird: Hotel Godewind in Vitte (www.hotelgodewind.de).

FAZIT: HIDDENSEE MUSS MAN EINFACH GESEHEN HABEN. DIE INSEL KONSEQUENT NUR ZU FUSS ZU ERKUNDEN IST EIN KLEINES ABENTEUER – UND EIN GROSSES VERGNÜGEN.

DIE NIED- LICHSTEN BERGE DER WELT

 ... im Mönchgut

#45

Ausblicke zum Wurzelnschlagen. Die wohl hübschesten Dörfer der Insel. Wanderungen, die niemanden überfordern. Und eine Landschaft, die für viele die schönste Rügens ist. Im Mönchgut, der ruhigen Halbinsel im Südosten Rügens, wird jeder glücklich!

#BergefürZwerge #wosinddieHobbits? #Wohnfloß #unterSchafen

Meerblick ohne Massen – in Klein-Zicker geht das sogar im Hochsommer.

Berge sagen sie. Alpen sogar! Dabei sind die Zickerschen Erhebungen bestenfalls Hügel. 66 Meter misst der höchste, so viel wie in der Stadt ein kleineres Hochhaus. Es sind Berge für Zwerge. Und tatsächlich erinnern die Anhöhen aus der Ferne an das tolkiensche Auenland. Ob hier Hobbits leben?

Aber es ist natürlich nicht Mittelerde, sondern Südwestrügen. Und keine Zwerge kreuzen den Weg, sondern Schafe (viele) und Wanderer (wenige). Dennoch hat diese Landschaft etwas Märchenhaftes. Sie wirkt wie nicht von dieser Welt. Verträumt. Verwunschen. Wie geschaffen für fantastische Geschichten.

Gleich zu Beginn des Wanderweges, kurz hinter der Kurverwaltung in Gager, zieht sich ein gigantischer Blumenteppich über den Hügel. Es blüht, duftet und summt. Trockenrasen ist das, wird später eine Tafel erklären. Hier haben sich die Pflanzen an den nährstoffarmen Standort angepasst und dennoch eine erstaunliche Vielfalt hervorgebracht.

Weiter geht es, den Bakenberg hinauf, der einen grandiosen Ausblick bietet: auf das Meer, auf die Reetdächer am Ufer, auf Segelboote in Häfen. Nach Groß Zicker, das sich malerisch am Bodden erstreckt und wo man zumindest bis zum Pfarrwitwenhaus mit dem Zuckerhut-

Schlafen im Hafen: Die Strandwagen haben zwar weder Dusche noch WC, dafür aber einen Logenplatz für die romantischen Sonnenuntergänge.

dach laufen sollte, geht es vorbei an Feldern und Schafen in einen kleinen Wald. Eine Holztreppe führt hinunter zum Nonnenloch – einem wilden Strand, der von einem großen Findling bewacht wird. Wer sich traut, klettert drauf, genießt den Blick auf das Meer und die Ruhe.

Später am Tag wird man von der kleinen Terrasse des historischen Badewagens im Hafen von Gager, der als Unterkunft dient, wieder auf das Wasser gucken. Oder man lässt sich komplett von Wasser umspielen: auf einem der beiden Wohnflöße, die der Hafenmeister wie die Badekarren an Touristen vermietet. Einschlafen, während die Wellen sanft an die Wände klatschen – besser geht es nicht. Am Vormittag des nächsten Tages unbedingt bei Fischer Thomas Koldevitz vorbeischauen, der wenige Meter weiter seinen fangfrischen Fisch

verkauft – und dabei auf seine charmant-raue Art das Klischee des Poken widerlegt, wie man die angeblich unzugänglichen und sturen

Hin & Weg: Mit dem Bus nach Gager. Dort gehen die Wanderungen los. Wer am zweiten Tag nicht von Klein Zicker zurücklaufen möchte, steigt dort in den Bus nach Gager (Buslinie 20).

Beste Zeit: Am schönsten im Sommer, wenn die Wiesen blühen.

Dauer & Strecke: Mindestens 2 Tage. Wanderung am ersten Tag: etwa 7 km, am zweiten Tag: 20 Kilometer. Wer mit dem Bus zurück fährt, geht nur die halbe Strecke.

Ausrüstung: Festes Schuhwerk.

Wenn es Nacht wird: Übernachten kann man im Strandwagen direkt auf der Mole oder im Hausboot direkt auf dem Wasser. Infos und Link zur Buchung unter: marina-gager.com/Wohnen-auf-dem-Wasser

Kormorane beim Sonnenbad, Reetdächer hinter Stockrosen und ein Spruch im Hafen von Gager, dem man nicht widersprechen kann – das ist das Mönchgut!

Mönchguter auch nennt. Dann geht es weiter gen Süden. Der Weg führt am herrlichen, ewig langen Gager Strand entlang, weiter durch Thiessow, dann über die Mole, vorbei am Strand, den die Kitesurfer für sich entdeckten, bis nach Klein Zicker, das auf einer kleinen Halbinsel liegt, welche auf der westlichen Seite von einem malerischen Steilufer gefasst wird. Am Ende der Dorfstraße geht es rechterhand einen kleinen Berg hinauf. Wieder hat man einen herrlichen Blick – auf das offene Meer diesmal, das mit sämtlichen Blautönen spielt. Wer es bis jetzt noch nicht ist, wird es hier auf jeden Fall: einfach glücklich!

FAZIT: BEI WANDERUNGEN IM MÖNCHGUT KOMMT KEINE LANGEWEILE AUF. DIE STRECKEN SIND ÜBERSCHAUBAR, DIE HÖHEN UNPROBLEMATISCH, DIE AUSBLICKE FANTASTISCH! UND JEDERZEIT KANN MAN EINEN BADESTOPP EINLEGEN.

INSEL-HOPPING IM KAJAK

≷ ... von Ummanz nach Schaprode und Hiddensee ≷

#46

In einem Kajak auf der Ostsee erlebt man das Meer aus einer ganz neuen Perspektive – und erarbeitet sich jeden Meter Zug um Zug. Eine Tour ab Ummanz Richtung Öhe und nach Hiddensee, mit Übernachtung in einem Baumhaus im coolen Surferspot Ummaii.

Nach wenigen Metern hat man es raus: Das Paddel wird sicher ins Wasser getaucht und der Oberkörper beim Durchziehen so mitgedreht, dass die Arme nicht alles allein machen müssen. Schon pflügt das Kajak geschmeidig das Wasser, während der Blick über die Landschaft schweift und das Meer, vom Boot aus betrachtet, einen ganz besonderen Zauber entfaltet.

Es geht zunächst immer am Ufer entlang, dann über die offene See Richtung Schaprode. Was den Anfänger beruhigt: Das Wasser hier ist nicht tief, fast überall kann man stehen. Die kleine Insel Öhe wird rechts umfahren. Ziemlich glückliche Rinder grasen hier – in der frischen Ostseeluft und auf nahrhaftem Salzwiesengras. Wenige Paddelzüge weiter kann man probieren, was diese Kombination für herrliches Fleisch erzeugt: im Gasthof Schilling in

Schaprode. Er gehört derselben Familie wie die Insel, aber im Gegensatz zu dieser darf er von Fremden gern betreten werden. Mit den Fotos seiner berühmten Gäste ist er im Prinzip schon fast selbst eine Sehenswürdigkeit. Nach der Einkehr noch schnell ein Eis auf die Hand vom Eisladen gegenüber, dann geht der Spaziergang los, zu den schmucken Kapitänshäusern aus dem 18. Jahrhundert – Zeugen einer Zeit, als man vom Hafen in Schaprode bis Lissabon und weiter segelte.

Dann zurück zum Kajak, das im Jachthafen vertäut liegt. Die Insel Öhe wird diesmal westlich umfahren. Zurück auf Ummanz geht es nach der Abgabe des Kajaks im Wassersportcenter direkt zum Surfhostel Ummaii. Vielleicht noch eine Pizza an der Tikibar? Und dann mit einem Sundowner auf die Baum-

Wer trotz der beiden ii am Ende des Namens noch nicht gemerkt hat, wo er hier eigentlich ist, wird es spätestens an der Tikibar wissen: Ummaii ist die klitzekleine Schwester von Hawaii!

hausterrasse, wo man einen herrlichen Blick genießt auf die untergehende Sonne – und auf Hiddensee, Paddelziel des nächsten Tages.

Nach dem Frühstück im Garten wartet das Kajak am nächsten Tag schon. Die Tour heute wird etwas ambitionierter als die vom Vortag. Der Schaproder Bodden wird gequert, das heißt: Vorfahrtsregeln in der Fahrrinne beachten und die Orientierung nicht verlieren!

Die Schwimmweste sitzt, das Paddel ist angeleint, das Handy in der wasserdichten Hülle griffbereit – heute scheint das alles etwas wichtiger als gestern. Dann geht es los. Zug um Zug rückt die Insel näher. Aber langsam. 90 Minuten können ganz schön lang sein. Die Arme sind es bei der Landung auf der Insel auf jeden Fall. Ist das Kajak erst am Ufer vertäut, geht es einmal quer über die Insel:

zum Traumstrand von Hiddensee. Hier in den Sand plumpsen lassen und den unverstellten Blick zum Horizont genießen. Baden, sonnen, faul sein. Später sollte man sich noch einmal aufraffen und zum Biergarten bzw. Restaurant Café Rosi in Neuendorf aufbrechen – nach einer halben Stunde am Strand entlang ist man da. An einem Platz im Schatten heißt es nun: sich stärken für die Rücktour.

> **FAZIT: AN DIESE ZWEI TAGE AUF DEM WASSER WIRD SICH DER KÖRPER VIELLEICHT NOCH EINE WEILE ERINNERN, DER KOPF SOGAR VIEL LÄNGER.**

Hin & Weg: Mit dem Bus über Gingst nach Waase auf Ummanz. Zum Hostel sind es dann noch 4 km – entweder wandern oder bei Familie Prüßing Fahrräder mieten (Neue Straße 7, an der Hauptstraße).

Beste Zeit: Sommer.

Dauer & Strecke: Für beide Touren jeweils ca. 3 Std. entspanntes Paddeln für ca. 10 km einplanen (hin und zurück).

Ausstattung: Badesachen, festes Schuhwerk (wegen der Kreuzottern auf Hiddensee), wasserdichte Container für Handy & Co. werden gestellt.

Wenn es Nacht wird: In Ummaii gibt's Baumhäuser zu mieten (www.ummaii.de). Angeboten werden auch Schnupperkurse im Kitesurfen, Stand-up-Paddeln und Windsurfen.

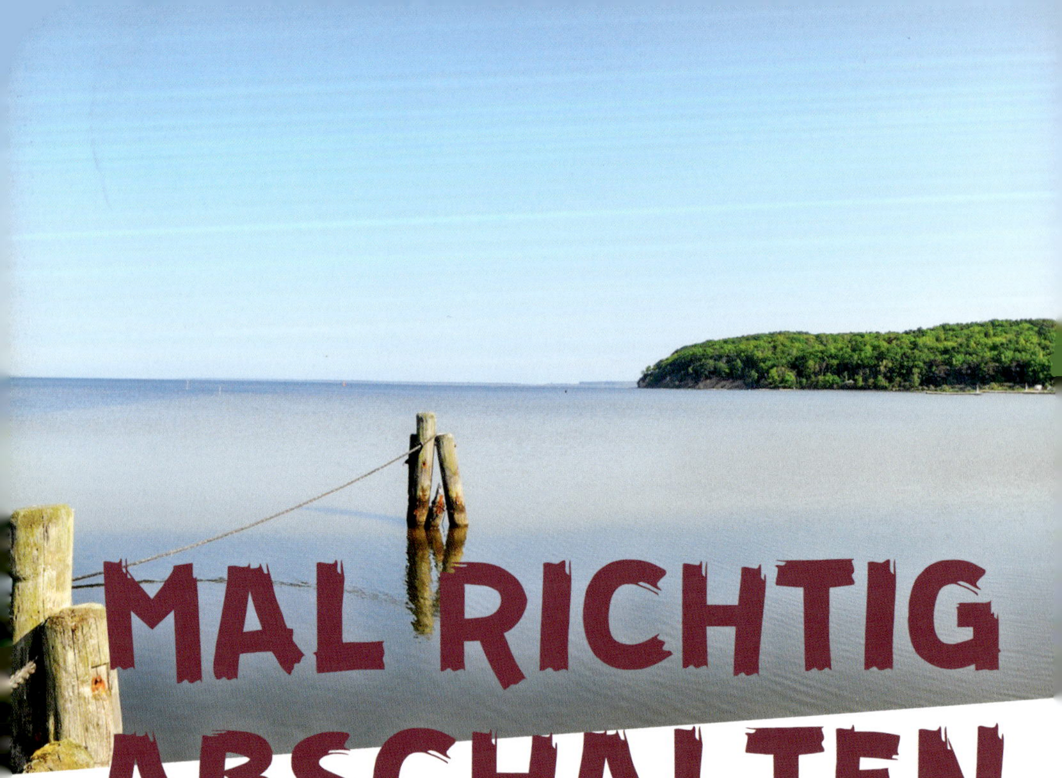

MAL RICHTIG ABSCHALTEN

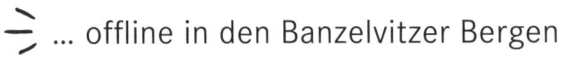

… offline in den Banzelvitzer Bergen

#47

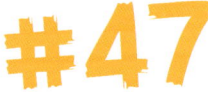

Im Urlaub will man bekanntlich abschalten – warum das nicht mal ganz wörtlich nehmen und zwei Tage offline gehen? Ohne Smartphone oder Laptop, ohne Selfies zu machen und Fotos im sozialen Netzwerk zu posten. In den Banzelvitzer Bergen geht das ganz besonders gut.

#allesrunterfahren&abschalten #derKopfistderSpeicher #wiefrüher

Zwischen dem Naturschutzgebiet Tetzitzer See und dem Großen Jasmunder Bodden erstrecken sich die sanft rollenden Hügel der Banzelvitzer Berge.

Das Handy ruhen lassen – hält man das durch? Wie soll man den Weg finden, das Wetter checken oder herausfinden, wie die hübsche Blume heißt, die da am Wegesrand blüht? Aber immerhin: Wer beschlossen hat, auf das Handy zu verzichten, ist schon mal eine Sorge los – er muss sich nicht fragen, ob er dort in den Banzelvitzer Bergen, einem der hintersten Winkel Rügens, überhaupt Empfang hat.

Tatsächlich gibt es WLAN auf diesem Campingplatz am Ende der Welt, wo einen freilaufende Hühner gackernd begrüßen. Aber warum im Internet surfen, wenn man stattdessen einfach mal offline bleiben und Eiskugeln schlecken kann? Es ist jene kleine Euphorie, mit der so manche Abstinenz beginnt – doch kaum hat man die Anmeldung passiert, wird der Verzicht auf seine erste Probe gestellt.

Da stehen diese niedlichen Ziegen im Streichelzoo und schauen einen erwartungsvoll an. Müsste man die nicht fotografieren? Nein, streicheln statt knipsen. Und dann weiter zur gebuchten Unterkunft. Schlaffass nennt sich die und ist ein halbrundes Häuschen, das ein bisschen aussieht wie die Behausung lustiger Fabelwesen. Aus Geschichten, die sich die Menschen erzählten, bevor sie lieber auf ihre Handys starrten.

Die niedliche Ziege grüßt im Streichelzoo am Eingang des Campingplatzes. Drinnen sieht man, was bei einer Fossilien-wanderung an Schätzen wartet. Daneben: Spektakuläre Sonnenauf- und -untergänge bekommt man hier oft zu sehen.

Nur das Nötigste auspacken, denn viel Platz ist nicht in der Hütte. Das Smartphone bleibt bei den Dingen, die man allenfalls im Notfall braucht: bei Regencape und Pflasterdose. Dann wird die Gegend erkundet. Vom Campingplatz sind es nur ein paar Schritte in einen verwilderten Wald mit dichtem Unterwuchs. Ein Pfad führt bis zum Großen Jasmunder Bodden mit seinen kleinen Buchten und Naturstränden. Ein Pensionär und Stammgast, der hier jeden Winkel kennt und den alle nur Conny nennen, bietet Fossilienwanderungen am Strand an. Belemniten, Donnerkeil-Spitzen, Brachypoden – niemand muss in seinem Handy nachschauen. Conny erklärt gern, was es damit auf sich hat.

Wer vom Bodden weg landeinwärts geht, kann auf dem Weg zwischen Feldern und kleinen Wäldern Hügelgräber entdecken. Am Himmel kreisen Bussarde, Milane, Falken, vielleicht sogar ein Seeadler. Auch Mufflons könnte man begegnen: Ein gutes Dutzend der scheuen Wildschafe durchstreift die Gegend. Gut, dass die Kamera dabei ist, mit der man richtig

Hin & Weg: Hin mit dem Bus bis Rappin. Von Groß-Banzelvitz sind es 600 Meter den Berg hinauf.

Beste Zeit: März–Oktober.

Dauer: 2 Tage.

Ausrüstung: Laufschuhe, Fernglas, Verpflegung, Fotokamera, evtl. Bücher zur Bestimmung von Flora und Fauna (als App-Ersatz).

Wenn es Nacht wird: Der Campingplatz vermietet nicht nur Stellplätze, sondern auch komplett eingerichtete Bungalows, Schlaffässer und Wohnwagen (www.banzelvitz.de).

zoomen kann. Mit dem Handy könnte man die scheuen Tiere über die Distanz gar nicht richtig festhalten.

Zurück auf dem Campingplatz lockt noch der kleine Erlebnispfad Wälder der Erde, der 2013 hier eröffnet wurde. Doch dafür ist auch morgen Zeit. Lieber noch eine kleine Runde über den Zeltplatz drehen, der nicht umsonst als einer der schönsten Rügens gilt. Die Ausbli-

cke von hier auf den Bodden sind malerisch. Automatisch geht der Griff zum Handy – doch halt! Dieser Moment wird nicht in Pixeln festgehalten, sondern im Kopf gespeichert.

FAZIT: DER CAMPINGPLATZ IN DEN BANZELVITZER BERGEN IST EIN KLEINER GEHEIMTIPP UND LIEGT SO SCHÖN AN EINEM DER VIELEN ENDEN RÜGENS, DASS MAN HIER GUT ABSCHALTEN KANN – UND ZWAR GANZ IM WÖRTLICHEN SINNE.

SAGENHAFT!

 ... im Jasmund und in Bergen

#48

Rügen ist so reich an Märchen und Sagen wie an Wäldern und Stränden – und wer sich einlässt auf die Geschichten der Insel, sieht die Landschaft mit anderen Augen. Eine Tour hoch in den Jasmund und nach Bergen – eine sagenhafte Übernachtung inklusive.

#Teufelsfuß #StörtebekersSchatz #vonNonnenundJungfrauen #magischeOrte

Ungewöhnliche Landschaften wie diese am Königsstuhl regen die Fantasie an – und so entstehen Sagen.

Man muss nur lange genug stehen und lauschen, die Augen geschlossen – und irgendwann glaubt man, es tatsächlich zu hören: das Wehklagen der Diener der Göttin Hertha, die hier in diesem kreisrunden, geheimnisvollen See sterben mussten, weil sie die Göttin nackt baden gesehen hatten. Dass es bloß der Wind ist, der durch die Bäume streift, wird nur behaupten, wer nicht an Sagen glaubt. Dabei tut die Landschaft wirklich alles, um die Fantasie anzuregen: riesige Findlinge, versteckte Höhlen, verwunschene Seen, märchenhafte Wälder. Wie etwa direkt auf dem Weg vom Herthasee zum Königsstuhl. Am da aufgestellten Opferstein klebt noch das Blut des letzten Opfers (die Farbe wird regelmäßig nachgepinselt), im Sagenstein – nur wenige Meter weiter – hat der Teufel persönlich einen Fußabdruck hinterlassen. Wer es glaubt. Viel unheimlicher ist doch, was sich dem Auge nicht aufdrängt.

Dieser sirrende Ton in der Luft auf dem Weg zur Stubbenkammer zum Beispiel – ist es vielleicht das Jammern der schwarz verhüll-

Der Sagenstein am Herthasee verdankt seine Existenz nicht dem Teufel und der Jungfrau, deren Fußabdrücke hier angeblich zu sehen sind, sondern einem geschäftstüchtigen Gastwirt aus dem 19. Jahrhundert.

Alltagsgedanken den Kopf räumen, schön entfalten kann.

Am Ende des Tages geht es mit dem Zug von Sassnitz nach Bergen. Wer sich für das Märchen- und Sagenhotel entscheidet, sollte nicht zu viel erwarten: Bis auf die Rügenkarte mit den Sagenorten hinter der Lobby wird das Thema so gut wie nicht bespielt – es sei denn, man kann dem Krönchen in der Glööckler-Suite eine kleine Geschichte andichten. Die Karte indes gibt einen guten Überblick. Hier könnte man den Trip für den nächsten Tag planen.

Oder einfach in Bergen bleiben und nach dem Frühstück auf den Rugard, um dort im Gebüsch den »Mägdesprung« zu suchen, einen weiteren Sagenstein mit trauriger Geschichte. Später könnte man noch zum Nonnensee

ten Frau, die nicht darüber hinwegkommt, dass es der Kerl, der sie einst in ihrer Höhle besuchte, nur auf ihren goldenen Becher abgesehen hatte? Und da, auf dem Findling, der etwa 20 Meter vom Strand im Nebel liegt – ist das nicht der Schatten jener Jungfrau, die hier seit Jahrhunderten vergeblich versucht, ein blutgetränktes Tuch wieder sauber zu waschen? Aber nein, das kann nicht sein: Die Schöne vom Waschstein, das weiß hier jeder, erscheint nur alle sieben Jahre. Und dann auch nur am Johannistag. Vom Königsstuhl geht es durch den dichten Wald nach Sassnitz – in einer Art märchenhafter Goldgräberstimmung: Klaus Störtebeker, Seeräuber mit sozialer Ader, soll hier auf dem Jasmund seinen Schatz versteckt haben. Der zeigt sich aber nicht, doch dafür findet man ein paar neue Geschichten: eigene, der Fantasie entsprungen, die sich hier beim Wandern, wo alle

Hin & Weg: Von Sassnitz geht's mit dem Bus zum Königsstuhl, ab dort zu Fuß zum Herthasee und über den Königsstuhl nach Sassnitz; von Sassnitz bis Bergen mit dem Zug oder Bus.

Beste Zeit: Herbst, wenn sich die Insel mystisch und geheimnisvoll präsentiert.

Dauer & Strecke: Für die etwa 10 km lange Tour durch den Naturpark Jasmund mit Fahrt nach Bergen ca. 5–6 Std. Die Tour in Bergen am zweiten Tag dauert ca. 3–4 Std., etwa 7 km (bei Umrundung des Nonnensees ca. 10 km).

Ausrüstung: Ein Büchlein über die Sagen Rügens, gutes Schuhwerk, Proviant.

Wenn es Nacht wird: Nichts könnte besser dazu passen als das Märchen- und Sagenhotel in Bergen (www.maerchenhotel-ruegen.de).

Der Herthasee darf natürlich auf der Übersichtskarte der sagenhaften Orte Rügens nicht fehlen. Sie hängt gleich hinter der Lobby des Märchen- und Sagenhotels in Bergen.

laufen, in dem einst ein Kloster versank, weil die Nonnen wie die Maden im Speck lebten, aber Bettlern nichts abgeben wollten. Noch heute vernimmt man angeblich die Klagen der Versunkenen – man muss nur ganz genau hinhören …

> **FAZIT: EINE WUNDERBARE ART, AUF REISEN ABZUSCHALTEN: DEN KOPF MIT GESCHICHTEN FÜLLEN – ÜBERLIEFERTEN UND VIELLEICHT SOGAR EIN PAAR EIGENEN.**

DEM HERING HINTERHER

... mit dem Rad die historische Handelsstraße entlang

#49

Das »Silber des Meeres« hat Rügen viele Jahrhunderte ernährt – und den Alltag auf der Insel geprägt. Heute kann man den alten Weg, über den der Fisch transportiert wurde, per Fahrrad erkunden. Eine Tour von Altefähr bis zum Kap Arkona – mit viel frischem Fisch als Pausensnack.

Im 19. Jahrhundert reisten die Kaufleute mit Fuhrwerken von Stralsund nach Rügen, zuerst in den Hafen von Altefähr und dann nach Rambin mit seinem hübschen alten Kloster und der Backsteinkirche. Von dort führt die Radtour zwischen Wiesen und Felder durch Rothenkirchen und auf dem Ostseeküsten-Radweg bis nach Waase auf der Insel Ummanz.

Früher wurden hier, in dem schilfumsäumten Mini-Hafen, die Fische haltbar gemacht, bevor sie ihre Handelsreise antraten. »Die Fische zu verarbeiten war immer Aufgabe von uns Fischerfrauen«, so wird eine von ihnen im Jahr 1795 zitiert, auf einer Infotafel zum Themenweg Silber des Meeres. »Wir kennen auf Rügen und Hiddensee drei verschiedene Arten zum Haltbarmachen: Salzen, Räuchern und Trocknen«.

Bis Ende des 17. Jahrhunderts wurde der Fisch in Salzhäusern konserviert, erzählt sie weiter, im 18. Jahrhundert war das Räuchern lukrativer. Auf diese Weise konnte die begehrte Ware bis nach Süddeutschland verkauft werden. Neben der Fischgaststätte Holzerland, direkt an der Brücke von Waase, kann man noch heute eine schwarze Eisentonne im Räucherbetrieb sehen – und das Raucharoma schnuppern.

Von Ummanz geht es über die Brücke zurück nach Rügen und weiter bis Gingst, das für seine Handwerkstradition und die schmucken Reetdachhäuser bekannt ist. Hier lohnt ein kleiner Zwischenstopp am Marktplatz mit seinen Häusern im alten Stil und der schönen Jacobikirche am oberen Ende. Von dort weiterradeln über Trent nach Schaprode. Auch

Im Hafen von Wiek (links) erinnert eine Fischskulptur an die Bedeutung der Fischerei für die Inselbewohner. Daneben: In der Handwerkerscheune Gingst erhält man Einblick in die verschiedenen Gewerke, die den Ort früher prägen.

dieser Hafen war früher wichtig für den Fischhandel, heute ist er vor allem Ausgangspunkt für die Fähren nach Hiddensee. In Schaprode endet die erste Etappe. Also gibt's zum Abendessen Fisch, was sonst? – und den Sonnenuntergang über dem Bodden.

Am nächsten Tag führt die Tour von Schaprode über Poggendorf und Vaschvitz zur Wittower Fähre, die den Radler über den Rassower Strom auf die Halbinsel Wittow bringt. Von dort weiter am Bodden entlang über Wiek und Juliusruh bis nach Vitt. Das kleine Dorf mit seinen reetgedecken Fischerkaten, die sich wie ineinander verschachtelt die Küste hochziehen, hat bis heute seinen Charme bewahrt.

Früher guckte man vom Kliff vor der Kapelle auf die Heringsschwärme der Ostsee, und wenn das »Silber des Meeres« auftauchte, hielt der Pastor in seiner Predigt inne und die Fischer gingen zu ihren Booten. Bis ins 19. Jahrhundert brachten die Kaufleute zur

Heringssaison im Frühjahr und Herbst Salz und Fässer mit, ließen die Fische konservieren und transportierten sie von Vitt über Altefähr nach Stralsund.

In Vitt endet die Alte Heringsstraße. Also runter an den Hafen und sich in einem der Fischrestaurants niederlassen, den Ausblick genießen – und sich ausmalen, wie es hier wohl zuging, als Vitt kein verträumter Touristenfleck, sondern ein lebhafter Umschlagplatz war …

> **FAZIT: EINE RADTOUR DURCH DIE GESCHICHTE DER FISCHEREI – MIT TRADITIONELLEN FISCHRESTAURANTS. EIN SPORTLICHES WIE KULINARISCHES VERGNÜGEN!**

Hin & Weg: Mit dem Rad von Altefähr bis Schaprode. Am zweiten Tag geht's mit dem Rad von Schaprode nach Vitt. Von dort ab Putgarten zurück mit dem VVR-Bus Radzfatz.

Beste Zeit: Mai–Oktober.

Dauer & Strecke: Am ersten Tag ca. 3,5 Std. für etwa 53 km mit dem Rad. Am zweiten Tag 2 Std. für rund 32 km.

Ausrüstung: Fahrrad, Verpflegung, ggf. Regenzeug, Fernglas.

Wenn es Nacht wird: In Schaprode gibt es eine reiche Auswahl an Pensionen und Ferienwohnungen und auch einen Campingplatz: Am Bodden (www.campingplatz-ruegen.de).

GROBE FISCHE FANGEN

⋝ ... beim Hechtangeln im Bodden ⋜

#50

*Auf Rügen kann jeder angeln, der schwim-
men kann. Der Touristen-Angelschein
macht es möglich. Also rauf aufs Boot und
dem großen Hecht hinterher! Eine Tour mit
Profi und Petri Heil.*

Wer große Fische fangen möchte, muss wissen, welcher Köder ihn lockt. Rechts: Blick auf den Dornbusch auf der Insel Hiddensee.

Den Riesenfisch auf dem Arm, die Fischermütze auf dem Kopf, ein stolzes Lächeln im Gesicht – zu den wenigen Motiven, mit denen man in Zeiten von Instagram & Co. seine Mitmenschen noch beeindrucken kann, gehört zweifellos dieses. Wer weiß, vielleicht hat man am Ende dieser Tour solch ein Foto im Handy. Und den Monsterfisch an Bord. Die Chancen dafür stehen ziemlich gut. Denn die Wahrscheinlichkeit, einen Hecht zu fangen, der über einen Meter misst, ist nirgendwo auf der Welt so groß wie hier in den Boddengewässern von Rügen. In den weiten Flachwassergebieten finden die Raubfische nämlich einen idealen Lebensraum, und mit den Heringsschwärmen eine äußerst proteinreiche Nahrung, die sie innerhalb kürzester Zeit zu stattlichen Fischen heranwachsen lässt.

Dass selbst unerfahrene Anfänger einen Hecht an die Angel kriegen können, liegt zum

einen an der Besonderheit des Touristenanglerscheins, den man in Mecklenburg-Vorpommern für 28 Tage und 24 Euro bekommen kann (am Vortag besorgen!), ohne, wie beim regulären Fischereischein, eine Prüfung ablegen zu müssen. Und es liegt vor allem an dem, der diese Tour führt. Denn der weiß, wo sich die Fische verstecken, welcher Köder sie hervorlockt und wie man den Koloss an Bord hievt. Er kennt die Gesetze und Schonfristen (so dürfen pro Tag zum Beispiel nur drei Hechte gefangen werden). Und er steuert das Boot dahin, wo die Fische sind. Gegen acht in der Früh nimmt der Guide die Gäste im Hafen von Schaprode an Bord des schnittigen Alubootes und fährt mit ihnen in den Bodden. Einen Fisch sehen die Angler bei dieser Tour meist erst mal nicht. Das heißt aber nicht, dass sie nichts zu tun haben. Denn Angeln, so die erste Lektion für die Anfänger, ist richtig Sport: Ständig müssen die Angeln und Köder ausgeworfen und wieder eingekurbelt werden. Da wird niemandem langweilig.

Außerdem kann man den Blick zwischendurch schweifen lassen, hin zum Ufer und über eine Landschaft, die enorme Ruhe ausstrahlt. Sie gehört zum Nationalpark Vorpommersche Boddenlandschaft. Mit etwas Glück kann man Fisch- und Seeadler, Kraniche und Wildgänse beobachten. Hat noch immer kein Fisch angebissen, tauchen irgendwann Fragen auf: Ist es nicht vermessen, als Anfänger auf einen Riesenfang zu hoffen, auf den gestandene Angler jahrelang warten? Was, wenn man mit leeren Händen heimkommt?

Plötzlich ein schlagartiges Rucken an der Schnur. Es hat einer gebissen! Jetzt heißt es, den Fisch an Bord zu hieven – Adrenalin pur.

Tipp: In den Boddengewässern Rügens kann man das ganze Jahr über Dorsche und im Frühjahr sogar atlantische Lachse fangen. Geführte Angeltouren werden auf Rügen zuhauf angeboten, ab Schaprode etwa vom Team Boddenangeln (www.bodden-angeln.de).

FAZIT: RAUBFISCHFANG PER BOOT – EIN ECHTES ABENTEUER! AUCH OHNE FANGERFOLG HAT MAN DANACH VIEL ZU ERZÄHLEN.

Hin & Weg: Die Tour startet im Hafen von Schaprode.

Beste Zeit: Mai–Februar, wenn es nicht zu kalt ist auf dem Boot und die Bissfrequenz der Hechte im warmen Wasser durchschnittlich hoch ist (im März und April ist für den Hecht Schonzeit).

Dauer: Für das Besorgen des Touristenanglerscheins beim Veranstalter, einen Rundgang durch Schaprode und ein Abendessen im Fischrestaurant braucht man am ersten Tag 4–5 Std. Die geführte Anglertour auf dem Boot dauert ca. 9 Std.

Ausrüstung: Wasserdichte Bekleidung von Kopf bis Fuß. Angeln, Köder etc. werden gestellt (eigene Angel kann natürlich mitgebracht werden).

Wenn es Nacht wird: Möglichst mit Kühlmöglichkeit, am besten über Tour-Veranstalter buchen.

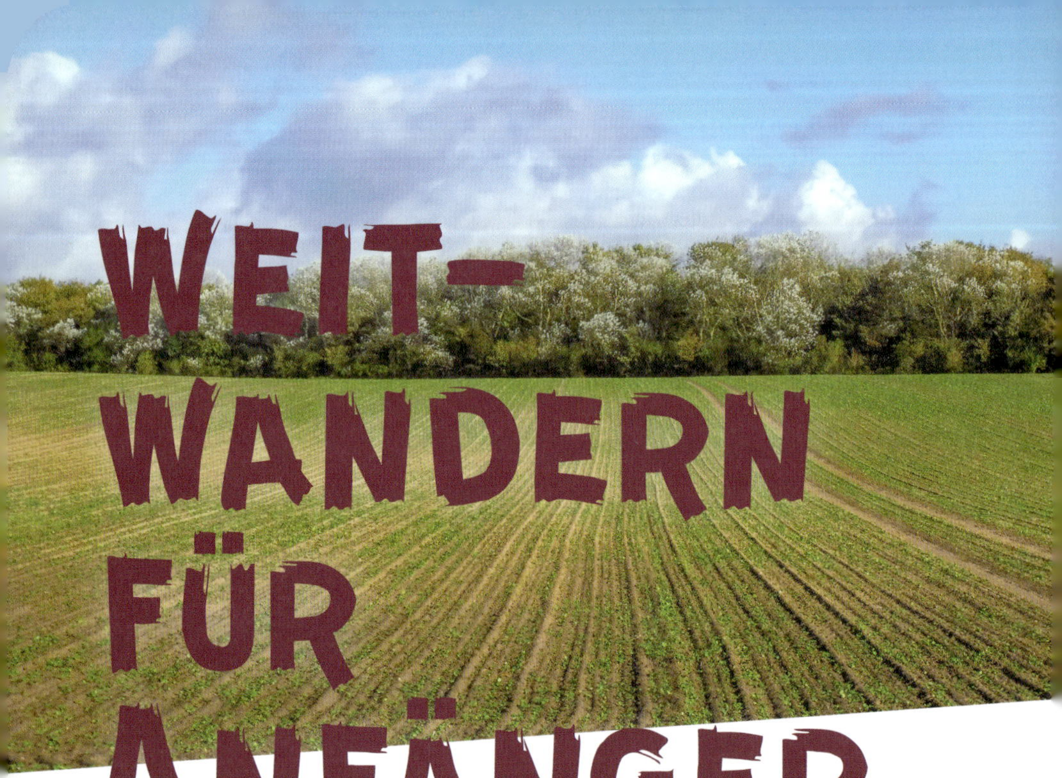

WEIT-WANDERN FÜR ANFÄNGER

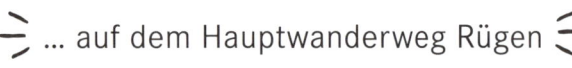

... auf dem Hauptwanderweg Rügen

#51

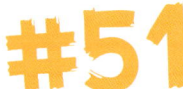

Kein Limit setzen, sein eigenes Tempo finden – einfach loslaufen und gucken, wie weit man kommt. Der Hauptwanderweg Rügens ist ideal dafür, bietet er doch 140 Kilometer gut ausgebaute Wanderwege vom Kap Arkona bis Altefähr. Man muss sich nur eine spannende Teilstrecke aussuchen – und los geht's.

#dieQualderWahl #Ichbindannmalweg #EhrgeizschlägtMuße

Kaum ist man losgelaufen, schon scheint man überzeugt: Schöner kann es eigentlich nicht werden.

Zugegeben, es juckt in den Zehen: Warum nicht alle 140 Kilometer laufen? Es klingt so gut: Einmal vom Kap Arkona im Norden bis nach Altefähr im Süden, an den herrlichen Steilküsten und Kreidefelsen von Wittow und Jasmund entlang, über Bergen und Ralswiek ins hübsche Lauterbach und von dort an die romantische, weniger bekannte Ostküste. Am liebsten möchte man gleich fünf Tage im Kalender reservieren und den Rucksack packen. Ich bin dann mal weg!

Doch auch an zwei Tagen kann man auf dem Hauptwanderweg Rügens weit kommen. Am besten sucht man sich einen Ort aus, den man ohnehin sehen wollte. Dann hat man das

Blauer Streifen auf weißem Grund heißt: Hier entlang! Oft führt der Weg zu herrlichen Aussichten – und zum Glück auch oft an schönen Raststätten vorbei, der Ostseeperle zum Beispiel.

Häkchen auf seiner *bucket list* gleich am Anfang gesetzt und kann sich ganz auf den Weg einlassen und sein eigenes Tempo finden. Oder man geht einfach ganz oben im Norden los: am Kap Arkona, wo der Wind tost und die drei berühmten Türme so malerisch in der Landschaft stehen. Vor dem östlichsten von ihnen, dem Peilturm mit der schönen Glaskuppel, weist ein gut bestückter Wegweiser zum E 10. So heißt der Europäische Fernwanderweg, der Finnland mit Spanien verbindet, auf Rügen der Hauptwanderweg (Schildchen mit blauem Streifen auf weißem Grund).

Kaum sind die ersten Schritte getan, ahnt man es: Schöner kann es auf den 140 Kilometern kaum werden. Was für Ausblicke hinab aufs

Meer! Was für eine Küste! Was für ein malerischer Fischerort, dieses Vitt! Man könnte sich alle paar Meter niederlassen und den Ausblick genießen. »Zum Rasten ist es noch zu früh«, mahnt da der Ehrgeiz, die Muße zuckt mit den Schultern. Also weiter. An der 30 Meter hohen Steilküste entlang, die bis Juliusruh immer flacher wird. Durch den hübschen Kurpark hinter dem Badeort, einst angelegt von Julius von der Lancken, an den Ortsrand von Breege, das für seine Kapitänshäuser aus dem 18. und 19. Jahrhundert bekannt ist. Von hier an der Boddenküste der Schaabe entlang, das Wasser zur Rechten.

Nach ein paar Kilometern zieht sich der Weg und der Ehrgeiz sitzt einem im Nacken: »Weiter, schnell weiter.« Also hebt man das Tempo, gute Waldluft füllt die Lungen, der ganze Körper arbeitet auf Hochtouren – Powerwandern nennt man das wohl. Irgendwann ist der Badeort Glowe erreicht. Glücklicherweise führt der E 10 direkt an der »Ostseeperle« vorbei, einem architektonischen Werk Ulrich Müthers und idealer Platz für eine Rast.

Dahinter führt der E 10 in südöstlicher Richtung aus dem Ort heraus, bis Weddeort, und dann über einen Damm zwischen dem Spykerschen See und dem Jasmunder Bodden zum Schloss Spyker. Der Backsteinbau aus dem 16. Jahrhundert ist das älteste Schloss der Insel. Die Füße sind müde, der Ehrgeiz macht auch endlich schlapp. Nur die Muße, die ist hier ganz in ihrem Element. Also bleiben – und nicht mehr weiterwandern. Nicht heute, morgen wieder.

Keine Frage, im Park Juliusruh könnte man länger bleiben – so wie diese beiden.

> **FAZIT: DAS MARITIME TRAININGSLAGER FÜR DEN JAKOBSWEG – ODER: EINE SCHÖNE ART, AUCH DIE UNBEKANNTE SEITE RÜGENS ZU ENTDECKEN.**

Hin & Weg: Mit Bus oder Bahn zum gewählten Startort, für eventuelle »Endpunkte« am zweiten Tag Haltestellen und Fahrplan in Erfahrung bringen.

Beste Zeit: Wenn es nicht zu heiß oder zu kalt ist und man auch noch spontan eine Unterkunft findet: Frühjahr, Spätsommer, Herbst.

Dauer & Strecke: Je nach Kondition 6–8 Stunden pro Tag, 20–40 km.

Ausrüstung: Gutes Schuhwerk, Proviant, Wanderkarte für den E 10.

Wenn es Nacht wird: Einfach spontan suchen und finden.

→ MINIURLAUB...

AB IN DIE SÜDSEE

⋝ ... im Jaich bei Lauterbach ⋜

#52

Ja bin ich denn in der Südsee gelandet? Nein, die hübschen Pfahlhäuser im Wasser gehören tatsächlich zu Rügen. Und bieten zusammen mit dem kleinen Hafen alles, was man sich für eine Auszeit auf und am Wasser wünschen kann.

Auf dem Wasser wohnen, ohne auf Komfort zu verzichten – in Lauterbach ist das möglich. Vom Hafen aus kann man eine Bootstour unternehmen.

Kaum hat man das Häuschen betreten, ist klar: Es wird nicht einfach! Hier will man bleiben – die Terrasse, von der man über eine Leiter in die Ostsee steigt; die See, die hier zum gigantischen Swimmingpool wird; das gemütliche Bett mit Blick nach draußen; die großen Fenster, die die Landschaft regelrecht ins Zimmer holen, ohne dass man sich bewegen muss ...

Wie soll man sich hiervon wieder lösen und aufbrechen zu Entdeckungstouren in die Umgebung? Fast wünscht man sich eine kleine Erkältung an den Hals, um eine Entschuldigung zu haben.

Keine Sorge, beides geht. Am besten erst mal ein wenig verweilen und sich mit einem Tee auf die Terrasse setzen. Der Blick ist nach al-

len Seiten schön: an Land auf die Goor mit dem imposanten Badehaus, übers Wasser auf die bewaldeten Hügelrücken der Insel Vilm, die schon die Landschaftsmaler im 19. Jahrhundert verzauberte, dazwischen aufs Meer, das einen ganz besonderen Zauber entfaltet, wenn man direkt darauf wohnt. Wie hier, in einem der 14 Pfahlhäuser der Wasserferienwelt Im Jaich.

Auch wenn man ewig so verweilen könnte, es lohnt sich rauszugehen – und damit ist nicht der Sprung in die Ostsee vor der Haustür gemeint.

Es gibt viel zu tun. Wie wäre es zum Beispiel mit einem Segeltörn? Überhaupt bietet die zum Jaich gehörende Segelschule das ganze Spektrum, von der Kinderjolle bis zur Regatta-

Vom Lauterbacher Ufer blickt man hinüber zur Insel Vilm.

jacht, Kurse für Anfänger und Kinder ab sechs Jahren, für Fortgeschrittene bis hin zu Prüfungen aller Klassen. Man könnte sich auch ein Kajak leihen und die abgelegenen Winkel im Rügischen Bodden erkunden – mit respektvollem Abstand zu den Röhrichtzonen und Brutgebieten der Wasservögel, versteht sich. Oder man leiht sich ein Fahrrad und unternimmt eine Tour über Wreechen nach Putbus (siehe Eskapade #37).

Man kann auch einfach wandern: etwa durch die Goor, und dann weiter zu den Großsteingräbern von Lancken-Granitz (siehe Eskapade #4). Und dann eben am nächsten Tag der Segeltörn.

Aber erst noch ein Tässchen Tee auf der Terrasse. Möwen kreischen am Himmel, die Takelagen der Segelboote klingen im Wind, Schwäne ziehen vorbei … Augen zu, tief durchatmen – dann aufgestanden und los!

FAZIT: URLAUB NICHT AM, SONDERN AUF DEM WASSER – WAS FÜR EIN PRIVILEG!

Hin & Weg: Mit der Bahn bis Lauterbach Mole, vom Bahnsteig sind es nur ein paar Schritte bis zur Rezeption der Marina Im Jaich. Der Bus des ÖPNV hält am Hafen von Lauterbach, von dort sind es 5–10 Min. zu Fuß.

Beste Zeit: Ganzjährig. Im Sommer vor allem Familien mit Kindern, im Winter eher ruhig.

Dauer: Ein Wochenende lang.

Ausrüstung: Nichts Besonderes … je nach Jahreszeit: Badezeug, Windjacke, Pullover.

Wenn es Nacht wird: Sich von der Ostsee in den Schlaf wiegen lassen kann man in der Wasserferienwelt Im Jaich (www.im-jaich.de). Wer lieber an Land bleibt, findet dort auch Appartements mit Meerblick.

SONST NOCH WICHTIG

KAP ARKONA

KREIDEFELSEN JASMUND

RETTUNGSTURM IN BINZ

Ein- und Überblick

Karten für den schnellen Überblick, praktische Tipps sowie mehr über die Autorinnen und ihre liebsten Empfehlungen gibt es auf den folgenden Seiten.

Tourenverlauf

GPX-Daten zum
kostenlosen Download
www.dumontreise.de/
eskapaden/ruegen

short.travel/vgmql

Ostsee

Ostsee

SEITE 226

Sellin

Binz

Bergen auf Rügen

Putbus

Sassn'tz

Glowe

96

Putgarten

Breege

Dranske

Hiddensee

Ummanz

Insel Rügen

96

Stralsund

96

194

105

7,5 km

Zingst

Barth

21
48
28
28
51
22
35
3
36
23
47
31
9
19
50
49
14
46
25
38
13
29
49
32
44

O s t s e e

SEITE 227

Binz

Bergen auf Rügen

Insel

Rügen

Putbus

Lauterbach

Insel Vilm

Lancken-
Granitz

Sellin

Baabe

Göhren

Gager

Thiessow

37

30 · 27 · 52

20

40

4

34 · 15 · 16 · 6 · 43

18 · 39

2

45

42

3 km

Geschmacks- sachen

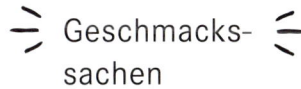

Eine Institution ist Schillings Gasthof in Schaprode, berühmt ist hier das Rindfleisch – und berühmt sind oft auch die Gäste. Guter Ort für Fischbrötchen: Vitt am Kap Arkona. Guter Ort für Sanddorn: der Rügenhof in Putgarten. Richtig leckeres Eis (selbst gemacht!) gibt es in der Ostseeperle in Glowe.

Baden

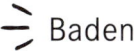

Blaue Flagge heißt: Hier ist das Wasser top und für die Umwelt wird auch alles getan! Aufpassen sollte man, wenn die Fahne rot ist (es besteht Lebensgefahr!) oder gelb (Achtung! Kinder, Senioren und ungeübte Schwimmer besser draußen bleiben!). Eine rot-gelbe Fahne hingegen heißt: Keine Panik! Der Strand wird bewacht.

Ohne Auto

Rügen lässt sich gut mit öffentlichen Verkehrsmitteln (www.vvr-bus.de) erkunden; für die Anreise auf die Insel kann man zwischen Bahn und Bus wählen. Fast alle Touren funktionieren ohne Auto, wie man bereits am (downloadfähigen) Netzplan der VVR sieht. Fahrkarten gibt es im Bus, ebenso gedruckte Fahrpläne (oder man informiert sich online). Ab ein paar Tagen Aufenthalt lohnt sich der Kauf einer Wochenkarte, zumal es bequemer ist. In Binz, Baabe und Sellin ist die Nutzung der (Elektro-)Bäderbahn im Preis der Kurkarte inbegriffen.

GUT ZU WISSEN …

Sicherheit & Notfälle

Zentrale europäische Notrufnummer ist die 112 - gebührenfrei aus allen Netzen, auch mobil, erreichbar. Feuerwehr und Rettungsdienste werden so alarmiert.

Vor Ort im Netz

Auf der Seite www.ruegen.de findet man jede Menge Informationen über Outdoor-Aktivitäten und Naturschauspiele sowie Tipps für schlechtes Wetter. Landlust im ruhigen Westen der Insel vermittelt www.westruegen.net

IMPRESSUM

Konzeption Monique Sorban

Projektmanagement Svenja Heinle, Stefanie Lipke, Monique Sorban, Andrea Wurth

Text Cornelia Jeske & Monika Rößiger

Fotos Cornelia Jeske (S. 4, 10, 12, 14, 16, 17, 22, 24, 25, 26 u., 36 r., 46, 48, 49, 50, 53, 66, 68, 69, 74, 76, 77, 78, 79, 80 u.r., 80 l., 81, 96, 98, 99, 100, 101, 102, 103, 104, 105, 106, 107 l., 107 u.r., 112, 113, 114, 115, 124, 125, 126, 127, 166 u.l., 172, 174, 178, 180, 181, 182, 184, 186, 187, 188, 189, 190, 191, 192, 193, 202, 203, 204, 205, 210, 214, 215, 216, 217, 228 231); Monika Rößiger (S. 5, 18, 20, 32, 33, 44, 55, 56, 57, 60, 61, 65 r., 84, 85, 86, 87, 88, 89 u.l., 89 u.r., 111 u., 116, 118 u.l., 118 u.r., 119, 128, 131, 132, 134, 135, 137, 138, 139, 142 u.l., 142 u.r., 146 r., 147, 148, 149, 150, 151 u., 152, 159, 162, 164, 166 o., 166 u.r., 168, 170, 171 r., 199, 200, 208 o.l., 208 u.l., 220 u.l., 231); Bodden-Angeln/Feißel (S. 212); BUND/Jörg Schmiedel (S. 42); DuMont-Bildarchiv: Johann Schreibner (S. 110 l.), Lubenow (S. 154, 208 r.), Olaf Meinhardt (S. 92, 94, 95, 108 o.), Roland E. Jung (S. 36 l., 111 o., 169); Fotolia: blas (S. 82 u.), brudertack69 (S. 151 o.), buesi (S. 146 l.), eyewave (S. 80 o.r., 201), fotograupner (S. 171 l.), frankoppermann (S. 45 o.r.), haiderose (S. 140 o., 143), Karin Jähne (S. 136), kentauros (S. 30), Matthias Rausch (S. 45 u.r.), maunzel (S. 64), Sabine Schönfeld (S. 58), Stephan Hockenmaier (S. 153), Studio 32 (S. 65 l.), textag (S. 89 o., 118 o.), 155, 156, 158, 198, 220 o., 220 u.r., 221), Torsten Jantsch (S. 45 l.), travelpeter (S. 62, 130, 213); iStock: Phalder (S. 54), Kathrin Tschirner (S. 5); Kurverwaltung Binz (S. 38, 40, 41); Kurverwaltung Binz/Christian Thiele (S. 107 o.r.); Kurverwaltung Binz/Lars Schneider (S. 26 o., 28, 29); Laif: Thomas Linkel (Titelseite), Dagmar Schwelle (S. 160), Maik Kiehl (120, 122, 123); Mauritius Images: Alamy/TBK media.de (S. 144 u.); Bernd Wittelsbach (S. 52), Christian Bäck (S. 13), Klaus Siepmann (S. 142 o.), Kuttig Travel (S. 206), Torsten Krüger (S. 34, 37), Uwe Steffens (S. 144 o.), Westend61/Hans Lippert (S. 140 u.); Pixabay: vitaly-m (S. 82 o.); Proboarding Rügen/Haiko Milke (S. 70, 72, 73); Rötting/Pollex (S. 6/7, S. 224); Strandhostel Rügen/ummaii.de/Robert Biernath (S. 194, 196); Tourismuszentrale Rügen (S. 218); Tourismuszentrale Rügen/Christian Thiele (S. 108 u., 110 r.)

Cover-/Buchgestaltung & Illustrationen Carolin Weidemann, Köln, www.weidemann-design.com

Lektorat & Produktion Verlagsbüro Wais & Partner (Melanie Kattanek, Beate König, Julia Rietsch, Kai Wieland), Stuttgart, www.wais-und-partner.de

Kartografie © MAIRDUMONT, Ostfildern, unter Verwendung von Kartendaten von OpenStreetMap, Lizenz CC-BY-SA 2.0

Herstellung Ramona Lamparth

Printed in Poland

1. Auflage 2018
© DuMont Reiseverlag, Ostfildern
ISBN 978-3-7701-8083-7

www.dumontreise.de

love Freiheit.

CORNELIA JESKE

MONIKA RÖßIGER

... über die Autorinnen

Am Strand liegen ist nicht so ihr Ding. Cornelia muss laufen. Mit den Füßen im Wasser und dem Gesicht in der Sonne. Das macht den Kopf frei und ... glücklich! Auf einer dieser Strandwanderungen an der Ostsee muss sie ihr Herz verloren haben, denn die Berliner Reisejournalistin und Buchautorin fährt immer wieder dorthin zurück. Nicht, um es zu suchen, sondern um anderes zu finden. Geschichten, Gesprächspartner – Gründe, zu bleiben. Aber auch: den schönsten Meerblick, die besten Beachbars, das leckerste Fischbrötchen ... Über ihre Entdeckungen schreibt sie in Zeitungen und Magazinen, vor allem aber auf »Zweiküsten«, dem Onlinemagazin für Nordsee und Ostsee (www.zweikuesten.de).

Monika ist gern in der Natur – zu Fuß, mit dem Fahrrad, Pferd, Kanu oder unter Wasser. Am liebsten beobachtet sie dabei Tiere. Nach dem Biologie-Studium reiste sie als Reporterin umher, berichtete über die Korallenbleiche im Indischen Ozean, Orang-Utans auf Borneo und Sumatra, tauchte mit Seepferdchen-Fischern im Pazifik und wanderte mit Hirten durch Spanien. 1990 machte sie sich auf, Ostdeutschland zu erkunden, darunter auch Rügen. Die Insel Vilm mit ihrem urwüchsigen Wald hat sie besonders beeindruckt, ebenso wie die klassizistische Architektur des Circus von Putbus. Als Journalistin schreibt sie über Forschung und Technik sowie Sachbücher über das Meer, Wälder, Wildtiere und Medizin (www.monikaroessiger.de).

Souvenirs!

Eskapade #41: Es gibt kein schöneres Andenken als einen Bernstein, den man selbst am Strand gefunden hat. Also auf die Knie und das Tang durchwühlen. Denn nur so wird man fündig.

Glück finden

Eskapade #48: Auf dem Mönchgut lauert das Glück überall: In den duftenden Blumenwiesen der Zickerschen Berge, auf der einsamen Bank auf der Steilküste von Klein Zicker, auf der kleinen Terrasse, von der man der Sonne beim Abtauchen zuschaut ... einfach keine Chance, dem Glück zu entkommen!

5 BESONDERE EMPFEHLUNGEN ...

Ungezähmte Natur

Eskapade #33: Im Wald auf der unter Naturschutz stehenden Halbinsel Pulitz bekommt man schon ein wenig ein Dschungel-Gefühl: Wucherndes Unterholz, darin querliegend umgestürzte Bäume, die Stämme dicht mit Efeu bewachsen, der undurchdringliche Sumpf an den Röhrichtzonen des Boddengewässers ... hat was!

Zum Gruseln

Eskapade #26: Das Leben auf der Sonnenseite braucht mal eine Pause? Diese Tour führt in die dunkleren Ecken der Insel: in verwunschene Wälder, zu verlassenen Ruinen und mysteriösen Türmchen – und sorgt für reichlich Gänsehaut.

Absolute Stille

Eskapade #32: Im Herbst ist man am Palmer Ort fernab des Trubels, nur mit den Schwänen, die majestätisch durch das Wasser gleiten, und den Singvögeln im Wald.